Köstliche Blüten

Zum Dekorieren und Genießen
Text von Heide Rau
Fotografiert von Marion Nickig
Edition Ellert & Richter

Inhalt

Vergessene Delikatessen aus dem Blütenreich
Heide Rau

Blumenschmuck gilt in allen Ländern und Kulturen als eine der reizvollsten Möglichkeiten, Haus und Garten, Tisch und Tafel zu verschönern. Die zarten Texturen, Farbe und Duft der Blütenschönheiten verzaubern den Alltag und krönen festliche Gelegenheiten. Der erste Blick der Gäste gilt der Tischdekoration. Ein liebevoll und kreativ gedeckter Tisch zeigt dem Gast, daß er willkommen ist.

Aber nicht nur der Anblick schöner Blumen in einer Vase ist ein Genuß! Erstaunlich viele Blüten haben verborgene Talente – sie sind eßbar. Geschichten aus ihrer Vergangenheit machen sie auch historisch interessant. Nicht zuletzt sind es die schon damals genutzten heilenden und gesundheitsfördernden Inhaltsstoffe, die uns überzeugen sollten, sie selbst einmal zu probieren.

Die Idee, Blüten in der Küche zu verwenden, ist somit nicht neu. Unsere Vorfahren nutzten den Reichtum der Natur und wußten viele Köstlichkeiten aus Blumen zu zaubern. Sie mußten erfinderisch sein, um Getränke, Salate, Kuchen und Desserts dekorativ zu präsentieren. Es war in früheren Jahrhunderten keineswegs außergewöhnlich, Blüten in der Küche zu nutzen: Rosenwasser für selbstgemachtes Marzipan, kandierte Rosenblüten und Veilchen für Kuchen, Gebäck und Dessert, Blüten der Kapuzinerkresse für Salate. In alten Kochbüchern finden sich noch viele dieser Rezepte. Wir haben es heute verlernt, sie anzuwenden, und nehmen statt dessen exotische Früchte aus dem Supermarkt, die nicht immer halten, was sie versprechen.

Rosenpotpourri

Im Zeitalter der Reiselust probieren wir viele fremde Genüsse – warum nicht einmal eine Reise in unsere eigene Vergangenheit antreten? Tees aus Blüten sind allgemein bekannt und auch heute durchaus noch üblich: Kamillenblütentee bei Magenverstimmungen, Holunder- und Lindenblütentee bei Erkältungen. Denken Sie an das Gemüsereich: Artischocken, Brokkoli und „Blumen"kohl sind ebenfalls Blüten!

Rosen, Veilchen und Königskerzen zum Beispiel wurden früher auch medizinisch genutzt. Sie standen nicht nur ihrer Schönheit wegen zusammen mit den heilkräftigen Kräutern in den Klostergärten. Schönheit und Nutzen aber müssen sich ja nicht ausschließen!

Schon bei den Römern kochte und dekorierte man mit Rosen und Veilchen. Es wurden Plantagen angelegt, um die Nachfrage nach den köstlichen Blüten zu decken. Auch noch im Mittelalter und bis in das 19. Jahrhundert hinein waren weder eine Königskerzensuppe noch Rosengelee etwas Ungewöhnliches.

Jetzt, im 20. Jahrhundert, schütteln viele den Kopf über diese „Spielerei" oder finden sie zumindest gewöhnungsbedürftig. Der Spitzenkoch Heinz Winkler sagt dazu: „Kräuter und Blüten runden geschmacklich alle Zutaten ab und regen wichtige Funktionen im Körper an. Richtig eingesetzt steht man nicht mit Völlegefühl vom Tisch auf, sondern erfrischt."

Gesunde Küche heißt auch Wohlfühlküche, eine Vitalküche nach Gourmetprinzipien. Die Gesundheit wird dazu dekorativ verpackt. Das Essen „mit den Augen" regt schon im ersten Moment die Verdauung an: Uns läuft das Wasser im Mund zusammen. Farbig, knackig und

bißfest ist die neue, frische Küche; kurze Koch-
zeiten, Gemüse auch mal als Rohkost serviert:
das heißt, mit Vitaminen und Mineralstoffen
schonend umgehen. Selbst mit einfachen Zutaten kann diese neue Küche daher eine Luxusku-
che sein. Sie wird aufgewertet durch Kräuter
und frische, gerade erblühte eßbare Blüten.
Die kreative Küche bedeutet Dekoration und
Geschmack, Aroma und Duft — für Auge, Nase
und Magen.
Das Leben mit den Jahreszeiten erfüllt dabei den
Wunsch des Menschen nach Abwechslung auch
in der Küche. So reichern im Frühjahr die Blüten der Saison zusammen mit den leicht bitteren
Wildkräutern Frühlingssalate an. Die sommerliche Küche ist leicht und erfrischend, ideal für
Blütengarnituren in verschwenderischer Fülle. Im
Herbst dann passen die Blüten in warmen Farben zu den herzhaften Gerichten.
Der Dekorationseffekt der Blüten ist aber nicht
unbedingt vorrangig. Viele der Blüten haben
schließlich auch einen ausgeprägten Eigenge-
schmack: Das einfache Gänseblümchen hat ein
leichtes Nußaroma, die Kräuterblüten von
Lavendel, Thymian, Rosmarin, Bohnenkraut
und Monarde schmecken und riechen so vielfältig wie die Kräuter selbst, Orangenblüten
schmecken zitrusartig und duften dazu noch
betörend, Taglilien haben ein knackig frisches
Aroma. Und dann die Rosen: süßduftend, angenehm im Geschmack und wunderschön
zugleich! Wenig bekannte Geschmacksnuancen
warten noch auf ihre Entdeckung!
Gepflückt werden die Blüten an sonnigen Tagen,
wenn der Tau gerade abgetrocknet ist; dann
sind Duft und Aroma am stärksten. Sie sollten
vor der Zubereitung gründlich, aber vor-

sichtig gewaschen und gut auf Insekten untersucht werden, denn nichts schockt Familie und Gäste mehr, als wenn kleine schwarze Käfer aus dem Blütensalat krabbeln.

Gut abgedeckt können die Blüten für einen Tag auch im Kühlschrank aufbewahrt werden. In einer flachen, mit Wasser gefüllten Schale bleiben sie ebenfalls ein paar Stunden frisch. So können die schönen Blüten erst noch als Tischdekoration dienen, bevor Sie in den Salat gemischt werden.

Der Natur wieder nahe zu sein, ist der Wunsch vieler Städter. Radtouren und Ausflüge in ländliche Gegenden können wunderbar zum Sammeln wildwachsender Blüten genutzt werden. Natürlich sollte darauf geachtet werden, die Blüten nicht an vielbefahrenen Straßen zu pflücken. Auch in direkter Nähe bewirtschafteter Felder sollte man nicht sammeln, wenn diese nicht gerade einem Biobauern gehören. Unter Naturschutz stehende Pflanzen, wie zum Beispiel die Schlüsselblume, dürfen nicht ausgegraben, ein kleines Sträußchen kann jedoch gepflückt werden. Den üppig blühenden Holunder darf man schon mal bedenkenlos plündern, Vögel und Menschen haben zur Herbsternte dann immer noch genug Beeren. Auch Löwenzahn blüht in Massen, und Gänseblümchen sind überall wohlfeil.

Um Verwechslungen mit giftigen Blüten auszuschließen, ist es sinnvoll, sich einen Naturführer für Kräuter und Wildkräuter zuzulegen. Im Zweifelsfall sollte man Blüten und Kräuter lieber nicht verwenden, Sicherheit gebührt der Vorrang vor Experimentierlust!

Blumen aus dem Blumenladen sind in der Regel immer gespritzt, daher leider nicht einsetzbar.

Stilleben mit Zucchiniblüten, Ringelblumen,
Fenchelblüten, Boretsch, Äpfeln und Zucchini

Von einem Biobauern seines Vertrauens kann man natürlich Dahlien, Ringelblumen, Rosen oder Chrysanthemen und viele andere Blüten mehr erwerben und bedenkenlos in der Küche nutzen.
Am sichersten pflückt man die Blüten jedoch im eigenen Garten, da weiß man, daß nicht gespritzt wurde. Möchte man kein „Unkraut" dulden, bleiben immer noch viele Blüten aus dem Blumengarten und sogar aus dem Balkonkasten. Der „Delikatessenladen" Natur bietet erstaunlich viele Blüten, die köstlich schmecken und die Sie genießen dürfen. In diesem Büchlein müssen wir uns beschränken und können nur die wichtigsten anführen. Für alle, die noch mehr ausprobieren wollen, ein Vorgeschmack auf weitere Genüsse:

Nelke *Dianthus*
Nachtviole *Hesperis matronalis*
Nachtkerze *Oenothera*
Levkoje *Matthiola incana*
Phlox *Phlox paniculata*
Klee *Trifolium pratense*
Mädesüß *Filipendula ulmaria*
Sonnenblume *Helianthus annuus*
Malve *Malva sylvestris* und *Malva moschata*
Stockrose *Alcea rosea*
Königskerze *Verbascum densiflorum* und *Verbascum thapsus*
Magnolie *Magnolia*
Linde *Tilia*
Flieder *Syringa*
Falscher Jasmin *Philadelphus*
sowie die Gemüseblüten von Kürbis und Zucchini.

Die Kostbarkeiten aus Natur und Garten sind ganz kostenlos. Aus einfachen Dingen etwas Besonderes zu machen ist eine Kunst, die den Geldbeutel schont. Die folgenden Rezepte sollen einen Einstieg in die Blütenküche ermöglichen; wenn nicht anders angegeben, reichen die Mengen für vier Personen aus.

Probieren Sie die vergessenen Delikatessen aus dem Blütenreich! Genießen Sie die frühen Gänseblümchen und die ersten duftenden Veilchen als Frühlingsgrüße auf dem Teller, Beginn eines köstlichen und lehrreichen Spaziergangs durch die Jahreszeiten, der erst mit den herbstlichen Dahlien und Chrysanthemen und mit den kandierten Rosen im Winter endet.

Frühling

Die Luft ist blau
das Tal ist grün
die kleinen Maienglocken blühn
und Schlüsselblumen drunter
der Wiesengrund
ist schon so bunt
und malt sich täglich bunter

Ludwig Hölty

Gänseblümchen, Veilchen und Schlüsselblumen sind die ersten Frühlingsboten. Blüten und Wildkräuter aus der heimischen Natur wurden in früheren Zeiten freudig begrüßt und vielfältig genutzt, denn die Kost war im Winter recht karg und einseitig. Die frischen, vitaminreichen Blätter vieler Wildpflanzen wie Sauerampfer, Löwenzahn, Taubnessel, Knoblauchsrauke, Bärlauch und Scharbockskraut wanderten von Wiesen und Heckenrändern in den Kochtopf und in die Salatschüssel. Zarte junge Blättchen vom Löwenzahn wurden vielerorts als Salat gegessen. In Westfalen kochte man ein „Heggengemös", ein Gemisch aus Wildpflanzen, die unter den Hecken wachsen, und den überwinterten Resten vom Vorjahrsgemüse. Die schönen, lackglänzenden Blättchen von dem an Vitamin C reichen Scharbockskraut galten im Frühlingssalat als eine Vitaminspritze. Sie dürfen jedoch nur vor der Blüte verwendet werden, danach entwickelt sich ein Giftstoff in den Blättern.
Schlüsselblumenwein und -likör, Veilchensirup, Wildkräutersalate und, im Spätfrühling, Holundersirup aus den duftenden Holunderblüten: Man verstand es, mit dem Reichtum der Natur umzugehen und aus den Blüten gesunde Köstlichkeiten zu zaubern.
Uns treibt heute nicht mehr die Not, die erfinderisch macht, sondern die pure Lust an ungewöhnlichen Genüssen, aber auch das neuerwachte Interesse an gesunder Küche dazu, es den Vorfahren nachzumachen.

Schlüsselblume

Gänseblümchen *Bellis perennis*

In ganz Europa und Kleinasien ist das schlichte Gänseblümchen aus der Familie der Korbblütler, poetisch auch Maßliebchen oder Tausendschön genannt, zuhause. Es wächst auf lehmigen Böden in Parks und Gärten, auf Wiesen und im Rasen.

Ordnungsliebende Gärtner stechen es im Rasen aus und verfolgen es mit dem Rasenmäher, aber es ist robust, zäh und überlebensfähig. Selbst niedrige Temperaturen im Winter machen ihm nichts aus: Es blüht fast ganzjährig, auch im Schnee.

Aus der glänzendgrünen, flachen Rosette erhebt sich die weiße, manchmal rosa überhauchte Körbchenblüte mit zartgelber Mitte. Die Blüten öffnen sich nur bei Sonnenschein. Kleine Kinder lieben sie, pflücken Sträußchen zum Muttertag und flechten sie zu altmodischen, unschuldig aussehenden Blütenkränzen.

Im Mittelalter war das Gänseblümchen hoch geschätzt. In Wein gedünstet sollte es die Leber kühlen und die innere Hitze löschen.

Das Gänseblümchen gilt noch heute als stoffwechselanregendes Heilkraut und wird in der Homöopathie bei Ekzemen, Prellungen und schlecht verheilenden Wunden eingesetzt.

Besonders für das Frühjahr wird die appetit- und stoffwechselanregende Wirkung von Blüten und Blättern auch heute noch in vielen Kräuterbüchern empfohlen.

Die herbaromatischen Blättchen in Frühlingssalaten ähneln im Geschmack dem nussigen Feldsalat. Auch die Blüten schmecken leicht nussig und überraschen kandiert sogar mit einem Marzipanaroma.

Eine Gänseblümchenwiese im Frühjahr garantiert eine gesunde Frühjahrsküche. Legen Sie die frisch aufgeblühten Maßliebchen auf Butterbrote, die kandierten auf Kuchen und Torten und die Knospen als falsche Kapern in Salz und Essig.

Von *Bellis perennis*, der ausdauernden Schönen, gibt es dekorative gefüllte Züchtungen. Sie sind auch eßbar, hier zupft man jedoch die Zungenblüten aus und streut sie über die Salate. Eine einzige Blüte kann dann als Dekoration den ganzen Salat zieren.

Avocadofächer mit Süßdolde, Veilchen und Gänseblümchen

2 Avocados
1/2 Zitrone
1 Blutorange
2 El Walnußöl
Salz, Pfeffer
Garnitur: Süßdoldenblätter, Veilchen und Gänseblümchen

Avocados schälen und in Scheiben schneiden. Sofort mit etwas Zitronensaft beträufeln, damit sie nicht braun werden.
Salatsauce: Walnußöl mit dem Saft der Blutorange verrühren, salzen und pfeffern und über die Avocados geben.
Mit feingehackten zarten Stengeln und Blättchen der Süßdolde bestreuen und mit Veilchen, Gänseblümchen und Süßdoldenblatt garnieren.

Tip: Als Vorspeise servieren.

Gänseblümchensalat

1 Kopf Lollo Bionda
1 Handvoll Sauerampferblättchen
1 Handvoll Pimpinellenzweige
4 El Walnußöl
2 El Kapuzinerkresseblütenessig
1 Schalotte
10 halbe Walnüsse
1/2 Tl Senf
Salz, Kräutersalz, Pfeffer
Garnitur: 1 Handvoll Gänseblümchen

Salat mit Sauerampferblättchen und kleinen
Pimpinellenzweigen mischen.
Salatsauce: Walnußöl, Kapuzinerkresseblütenessig mit gehackten Walnüssen und einer fein-
geschnittenen Schalotte mischen, salzen und
pfeffern. Etwas milder Senf und Kräutersalz
machen die Marinade noch pikanter. Mit den
Gänseblümchen garnieren.

Tip: Als Vorspeise mit geräuchertem Forellen-
filet servieren.

Baisertörtchen mit Gänseblümchen

4 Baisertörtchen
1 Päckchen Tortenguß
2 El Zucker
1/2 Likörglas Grand Marnier
4 Blutorangen
Garnitur: 12 kandierte Gänseblümchen (Rezept
siehe Seite 78)

Baisertörtchen (vom Bäcker) mit filierten Blut-
orangenscheiben belegen. Dazu drei Orangen
dick abschälen und die Filets herausschneiden.
Tortenguß nach Vorschrift mit dem Saft einer
Orange, dem Zucker und dem Grand Marnier
(Flüssigkeitsmenge mit Wasser auffüllen) zube-
reiten und über die Orangen geben. Mit den
kandierten Gänseblümchen verzieren.

Tip: Statt Blutorangen können auch Grapefruits
oder Orangen verwendet werden.

Tomatenhäppchen mit Gänseblümchen

4 Scheiben Vollkornbrot
4 Scheiben Gouda
Butter
1/2 Kopf Lollo Bionda
2 Tomaten
Meersalz, Pfeffer
Garnitur: 16 Gänseblümchen

Brote vierteln, buttern und mit Gouda, Salat
und Tomatenscheiben belegen. Mit gemahlenem
Meersalz und grobgeschrotetem Pfeffer
bestreuen. Auf jedes Brotviertel ein Gänseblümchen legen.

Veilchen *Viola odorata*

Das wohlriechende Märzveilchen aus der Familie der Veilchengewächse überrascht uns trotz seines Namens manchmal schon im Februar. An warmen, geschützten Stellen im Garten, unter Hecken, Rosen und an Wegen, auch als Saum im Kräutergarten breitet sich das Veilchen in humosen und feuchten Böden schnell aus. Dieser Ausbreitungsdrang kommt gelegen, denn von den bescheidenen Veilchen kann man nie genug haben.

Der süß duftende Frühlingsgruß verheißt nach den schlichten Gänseblümchen des Vorfrühlings fast schon den üppigen Blütenduft des Sommers. Die duftigen, samtenen Blüten von tiefvioletter, seltener auch weißer Farbe verstecken sich in den schönen, herzförmigen Blättern, die im Jugendstadium leicht tütenförmig eingerollt sind. Seit jeher werden sie als Tee bei Husten, Kopfschmerzen und Schlaflosigkeit, aber auch gegen Hauterkrankungen genutzt.

Veilchen waren in früheren Zeiten ein Symbol für Bescheidenheit und Hingabe. Den jungen Mädchen wurde in das Poesiealbum geschrieben: „Sei wie das Veilchen im Moose, so sittsam, bescheiden und rein, und nicht wie die stolze Rose, die immer bewundert will sein."

Wir bewundern beide gleichermaßen, wie schon die Griechen und Römer: Sie tranken Veilchenwein und vertrieben Kopfschmerzen und Schwindelgefühle nach zu üppigem Essen mit einem um die Stirn gelegten Veilchenkranz. Man aß die Blüten kandiert oder gebraten und kochte sie im Frikassee. *Viola odorata* machte Karriere in Parfums, Sirup, Essig und Desserts. Kandierte Veilchen kann man noch heute kau-

fen: In Frankreich, vor allem in der Veilchen-
stadt Toulouse, werden sie überall angeboten.
Veilcheneiswürfel, -sirup und über Frühlingssalate gestreute Veilchen sind schnell zubereitete
Köstlichkeiten. Wenn Sie dann vom altmodischen Charme dieser Blüten begeistert sind,
machen Sie es doch wie Kaiser Wilhelm I: Er
ließ sich in der Veilchensaison sein Frühstücks-
tablett jeden Tag mit einer Veilchengirlande
schmücken.
Die Saison wird durch die Züchtung *Viola odorata* „Königin Charlotte" verlängert: Diese
blüht im Herbst noch ein zweites Mal. Aber
auch beim Märzveilchen findet man hin und
wieder noch eine Blüte im Herbst. Hornveil-
chen *Viola cornuta* und Stiefmütterchen in
allen Varietäten sind ähnlich verwendbar. Sie
sind schön, aber ihnen fehlt der Duft, den wir
am Veilchen so lieben.

Veilchensirup

100 g Veilchen
500 g Zucker
1 Zitrone

Von den frisch gepflückten Veilchen die blauen
Blütenblätter abzupfen, in eine Schüssel geben
und mit 1/2 l kochendem Wasser begießen,
abgedeckt über Nacht ziehen lassen. Am nächsten Tag abseihen, die Flüssigkeit mit dem
Zucker und dem Zitronensaft heiß werden lassen und in Flaschen abfüllen oder einfrieren.
Zum Aromatisieren von Desserts, Kuchen und
Gebäck verwenden.

Ziegenkäse mit Veilchenvinaigrette

8 kleine Ziegenkäse
2 El Veilchenessig
4 El Walnußöl
1 Schalotte
2 El gehackte Walnüsse
Salz, Pfeffer
Garnitur: Veilchenblüten und -blätter

Den Ziegenkäse mit den Veilchen dekorieren, mit jungen Veilchenblättern auf einer Platte anrichten.
Vinaigrette: Essig, Öl, Salz und Pfeffer verrühren, die gehackte Schalotte und die Walnüsse zugeben.
Diese Vinaigrette zu dem Käse reichen. Dazu passen Baguette und ein leichter Roséwein.

Schlüsselblume *Primula veris*

Der goldgelbe Himmelsschlüssel aus der Familie der Primelgewächse trägt nicht ganz zu Recht den Namen *Primula veris*, die erste Blüte im Frühling: Gänseblümchen und Veilchen sind ihr um mindestens eine Nasenlänge voraus. Die Blütendolden der Schlüsselblume schmücken von März bis Mai Wiesen, Wälder und Gärten. Sie ist in Europa und Asien heimisch und steht bei uns unter Naturschutz, d. h. sie darf nicht mit der Wurzel ausgegraben werden. Sie läßt sich aber leicht im Garten ansiedeln und sollte in keiner Frühjahrsanpflanzung fehlen. Aus der grundständigen Rosette samtig behaarter, leicht runzliger Blätter erhebt sich die langgestielte, süß duftende Blütendolde, die fünf bis 15 trichterförmige Blüten trägt.

Bei Erkältungskrankheiten, Asthma, Husten und Bronchitis wurde sie früher wegen ihrer hustenlindernden und schleimlösenden Eigenschaften geschätzt. Schlüsselblumenwein wurde auf dem Land als ein ausgezeichnetes Beruhigungsmittel angesehen. Der erfrischend schmeckende Tee aus den Blüten galt als beruhigend, schmerzstillend und schlaffördernd. Hildegard von Bingen, die heilkräuterkundige Äbtissin, empfahl im 12. Jahrhundert die echte, duftende Schlüsselblume *Primula veris* gegen Melancholie, Kopfschmerzen und zur Nervenberuhigung.

Primula elatior, die Waldschlüsselblume, hat ähnliche Eigenschaften; ihre Blüten duften allerdings wenig oder kaum, und sie sind von hellerem Gelb. Beide sind im Frühling in Küche und Garten ein Gewinn. Die jungen, zarten Blätter passen in Frühlingssalate und in Kräu-

tersuppen, aus den Blüten stellt man Wein,
Essig und Sirup her, sie lassen sich verzuckern
oder frisch als Dekoration verwenden. Versuchen Sie doch mal einen beruhigenden,
wohlschmeckenden Schlüsselblumentee zum
Abend. Für einen heilkräftigen Tee sammelt
man die Blüten mit dem grünen Blütenkelch.
Sie können frisch oder getrocknet aufgebrüht
werden.

Chicorée mit Schlüsselblumen

4 Chicorée
2 Handvoll Scharbockskraut (vor der Blüte
gepflückt) oder Brunnenkresse
4 El Walnußöl
2 El Birnenessig
Pfeffer, Salz
Garnitur: Schlüsselblumen

Chicoréeblätter im ganzen auslösen und kranz-
förmig auf Portionstellern anrichten, Scharbockskraut in der Mitte verteilen.
Salatsauce: Birnenessig, Walnußöl, Pfeffer, Salz
verrühren und über den angerichteten Salat
geben.
Mit ausgezupften Schlüsselblumen garnieren.
Eventuell noch mit Birnenstückchen und blauen
Weintrauben anrichten.

Tip: Als Vorspeise servieren. Die Variante mit
Birnenstückchen und Weintrauben paßt auch
gut zu Ziegenkäse oder Camembert als leichtes
Abendessen.

Bunter Frühlingssalat

1−2 Salate nach Wahl, z. B. Radicchio, Lollo
Rosso, Friseesalat
je 1 Handvoll Sauerampfer und Löwenzahn
5 El Walnußöl
3 El Kräuteressig
Salz, Pfeffer, Kräutersalz
2 El gemahlene Haselnüsse
2−3 El Sahne
Garnitur: Veilchen, Gänseblümchen, Schlüsselblumen oder Stiefmütterchen

Salate, Sauerampfer- und Löwenzahnblätter
mischen.
Salatsauce: Essig und Öl, Salz, Kräutersalz,
Pfeffer, Haselnüsse und Sahne verrühren. Mit
den Salaten mischen.
Mit Veilchen, Gänseblümchen, Schlüsselblumen
und Stiefmütterchen garnieren.

Schlüsselblumensuppe

500 g Kartoffeln
30 g Butter
1–2 Schalotten
1 l Gemüsebrühe
Wildkräuter nach Wahl, z. B. Brennessel,
Giersch, Schlüsselblumenblätter, Sauerampfer
125 g Crème fraîche
Salz, Pfeffer
Garnitur: Schnittlauch, Schlüsselblumen

Die Schalotten in der ausgelassenen Butter glasig werden lassen und mit den gewürfelten Kartoffeln kurz andünsten, mit Gemüsebrühe auffüllen, 10 Minuten köcheln lassen. Wildkräuter
zufügen, nochmals 10 Minuten köcheln, dann
mit dem Pürierstab pürieren.
Mit Crème fraîche, Salz und Pfeffer
abschmecken, mit den ausgezupften Schlüsselblumen und Schnittlauchröllchen garnieren.

Löwenzahn *Taraxum officinale*

Wenn im späten Frühjahr ganze Wiesen mit buttergelben Körbchenblüten bedeckt sind, weiß jedes Kind, wie sie heißen: Kuhblumen oder Pusteblumen. Segeln dann die Fallschirmchen durch die Luft, halten Gärtner den Atem an. So sehr die Kinder die Pusteblumen lieben, so sehr fürchtet der Gärtner dieses gewöhnliche Wildkraut: Jedes kleine Wurzelstückchen, das im Boden bleibt, treibt wieder neu aus.

Der Löwenzahn aus der Familie der Korbblütler ist überall auf der nördlichen Halbkugel zuhause, auf Wiesen und Feldern, an Ackerrainen und in Gärten. Er bevorzugt feuchte, schwere und stickstoffreiche Böden. Aus der gezähnten, sehr formenreichen Blattrosette wächst ein mit weißem Milchsaft gefüllter Stengel, der eine goldgelbe Körbchenblüte mit zartgrünem Hüllkelch trägt.

Der Gehalt des Löwenzahns an Bitterstoffen und enzymatisch wirkenden Substanzen regt den gesamten Stoffwechsel an: ideal für eine Frühjahrskur. Ein hoher Vitamin A- und C-Gehalt gehört ebenfalls zu seinen positiven Eigenschaften. Eine Fülle von heilkräftigen und stärkenden Inhaltsstoffen lindert Gicht und rheumatische Beschwerden. Seine harntreibende Wirkung gab der Pflanze in Frankreich den drastischen Namen „Pissenlit". So stark ist die entwässernde Wirkung jedoch nicht, man kann den Löwenzahn getrost reichlich als würzigbitteren Salat genießen.

Nur die jungen Blätter vor der Blüte schmecken wirklich gut, später werden sie zu bitter. Die zart nach Honig duftenden, karotinreichen Blüten wurden früher traditionell als Löwenzahn-

wein angesetzt. Auch Löwenzahnhonig, der eher
ein Sirup ist, war eine beliebte Leckerei, als die
Supermärkte noch nicht erfunden waren. Die
Wurzeln dienten getrocknet und gemahlen als
Kaffee-Ersatz. Noch heute wird die Pflanze als
nährstoffreiches Gemüse in Italien und in der
Türkei geschätzt. Blanchiert oder gedämpft –
das mildert die Bitterstoffe – wird sie als Bei-
lage zu Fleischgerichten, Reis oder Nudeln auf-
getischt. Köstlich sind auch die gedünsteten
Blütenknospen.

Wenn Sie Löwenzahn im Rasen nicht mögen,
kann er auch im Gemüsegarten ausgesät werden. Eine weniger bittere Variante erhält man,
wie beim Endiviensalat, durch Bleichen. Im
Herbst können die Wurzeln ausgegraben und
im dunklen Keller wie Chicoree angetrieben
werden.

Bewundern wir die Überlebenskraft des Löwenzahns und machen wir sie uns zunutze. Genera-
tionen von Gärtnern haben es nicht geschafft,
ihn auszurotten: diesen heilkräftigen, immer
wieder nachwachsenden Salat.

Löwenzahnsalat

1 Bund gebleichter Löwenzahn
2 Handvoll grüner Löwenzahn
1 El Öl
2 El Kräuteressig
50 g Bacon
Garnitur: Löwenzahnblüten

Gebleichten und grünen Löwenzahn abwechselnd kreisförmig auf einem Teller anrichten. Salatsauce: Kräuteressig, Öl, Pfeffer und Salz mit ausgebratenen Baconwürfeln mischen und mit dem Speckfett über die Löwenzahnblätter geben.
Mit ausgezupften Löwenzahnblüten garnieren, in die Mitte zur Dekoration eine ganze Blüte legen.

Löwenzahnhonig

200 g Löwenzahnblüten
1 l Wasser
1 kg Zucker
1 Zitrone

Blüten vom grünen Hüllkelch befreien, mit dem
Wasser aufkochen und 30 Minuten ziehen las-
sen. Abseihen und mit dem Zucker und dem
Zitronensaft unter Rühren eindicken, bis die
Flüssigkeit eine sirupartige Beschaffenheit hat.
Heiß in kleine Flaschen füllen oder einfrieren.

Löwenzahnhonigeis auf Sektschaumsauce

100 ml Löwenzahnhonig
400 ml Joghurt
200 ml Sahne
1/2 Tafel Schokolade
Sauce:
2 Eigelbe
100 ml Sekt
1 El Zucker
Garnitur: 4 Löwenzahnblüten

Den Löwenzahnhonig mit Joghurt und Sahne
verrühren und in die Eismaschine geben. Etwa
25 Minuten kühlen. Die Schokolade im heißen
Wasserbad auflösen und zum Schluß tropfen-
weise in die Eismaschine geben, kurz unterrühren.
Für die Sauce die Eigelbe mit dem Sekt und
dem Zucker im Wasserbad cremig aufschlagen.
Das Eis mit der Sauce auf Tellern anrichten,
jede Portion mit etwas Löwenzahnhonig beträufeln und mit einer Löwenzahnblüte garnieren.

Obstblüten

Die jährliche Wiederkehr der überschäumenden, duftigen Obstbaumblüte überall auf den Wiesen und in den Gärten gehört zu den schönsten Bildern des Frühlings und ist ein Symbol für das Wiedererwachen der Natur. Die Japaner machen aus diesem Ereignis ein großes Fest: das berühmte Kirschblütenfest. Es werden Leckereien aus Kirschblüten gereicht, und dazu gibt es einen Kirschblütentee, der aus den salzig eingelegten Blüten hergestellt wird.

Der intensive Honigduft auf großen Streuobstwiesen, die glücklicherweise noch nicht alle der Vergangenheit angehören, weckt auch bei uns intensive Frühlingsgefühle. So schön sind die hiesigen Landschaften nur im Frühjahr! Unsere Obstbäume gehören zu den Rosengewächsen und sind so vielfältig wie die Rose selbst. Die zarten, frostempfindlichen rosa Blüten der Aprikose blühen schon im März und sind der Auftakt des Blütenreigens. Dann folgen dicht dahinter Pflaumen, Birnen, Mirabellen, Kirschen und, als eine der schönsten Blüten, die Apfelblüte. Die zarten Blütenblätter wirken wie aus feinstem rosa Organza gemacht. Den Abschluß bildet der Quittenbaum, der eine fast magnolienartige Blütenpracht trägt. Am Boden blüht noch die Walderdbeere, die auch zu den Rosengewächsen gehört. Ihre Blüten finden für Teemischungen Verwendung.

Heilende Wirkung wird jedoch eher den Blüten der Apfelsine *Citrus sinensis* zugeschrieben, die hier nur in Kübeln im Wintergarten gedeiht. Sie werden für Beruhigungstees verwendet und, in den Ursprungsländern, zu Orangenwasser verarbeitet. Auch die Blüten der Zitrone *Citrus limon* können verwendet werden, z. B. kandiert für ein Zitronendessert oder für einen Zitronenkuchen.

Falls Sie das Glück haben, ein paar der herrlich duftenden Orangenblüten frisch zu bekommen, versuchen Sie doch mal ein Rezept des 3-Sterne-Kochs Heinz Winkler: rosa gebratene Entenbrust in Orangensauce, gekrönt mit duftenden Orangenblüten. Optisch und geschmacklich ein Genuß!

Salat mit Apfelblüten

1/2 Kopfsalat
1/2 Schlangengurke
1/2 Eichblattsalat
Bärlauchblätter (vor der Blüte gepflückt)
Kerbel
Grünspargelspitzen
4 El Walnußöl
2-3 El Basilikumessig
Pfeffer, Salz, Kräutersalz
Garnitur: Frühlingsblüten nach Wahl, z. B.
Bärlauchblüten, Gänseblümchen, Gundermann-
und Apfelblüten

Salat mit Kräuterblättchen, Gurkenscheiben und
Grünspargelspitzen auf Portionstellern asymme-
trisch anrichten.
Salatsauce: Essig und Öl mit Salz, Kräutersalz
und Pfeffer verrühren, über den Salat geben.
Mit den Frühlingsblüten garnieren.

Tip: Basilikumessig kann selbst angesetzt werden (siehe Rezept für Blütenessig S. 70). Statt
der Blüten gibt man eine Handvoll Basilikum
und 2 Knoblauchzehen in den Essig. Ein sehr
würziger Essig, der vielseitig einsetzbar ist!
Dieses Essigrezept kann man auch mit anderen
Kräutern variieren, z. B. mit Estragon oder
Rosmarin.

Rhabarbereis mit Erdbeerpüree und kandierten Frühlingsblüten

300 g Rhabarber
100 g Erdbeeren
1/8 l Wein
1 Zitrone
3 Eigelbe
100 g Zucker
1/4 l Sahne

Rhabarberstücke mit Erdbeeren in Weißwein und Zucker weichkochen, Zitronensaft zugeben und pürieren. Eigelbe im Wasserbad schaumig und anschließend auf Eiswürfeln kalt rühren, dann Rhabarber unterziehen. Sahne steif schlagen und unterheben, in der Eismaschine gefrieren lassen.

Erdbeerpüree

200 g Erdbeeren
50 g Puderzucker
1 Zitrone
Garnitur: kandierte Frühlingsblüten (Rezept siehe Seite 78)

Erdbeeren mit dem Zucker und dem Zitronensaft pürieren. In ein Dessertglas Nocken vom Rhabarbereis geben, mit Erdbeerpüree auffüllen. Mit kandierten Frühlingsblüten garnieren.

Entenbrust à l'orange mit Orangenblüten

2 Entenbrüste
2 El Butterschmalz
1/8 l Rotwein
1 Orange
2 Tl Crème fraîche
Salz, Pfeffer
Garnitur: Orangenblüten oder Begonienblüten

Entenbrüste waschen, trockentupfen, salzen und pfeffern. In einer Kasserolle in dem Butterschmalz kräftig anbraten, im vorgeheizten Backofen bei mittlerer Hitze ca. 15−20 Minuten (je nach Stärke des Fleisches) braten. Fleisch herausnehmen und warmstellen, den Bratensatz mit Rotwein und dem Saft der Orange ablöschen und etwas einkochen. Mit Salz und Pfeffer abschmecken und die Crème fraîche einrühren. Das Fleisch in Scheiben schneiden, mit der Sauce umgießen und mit Orangenblüten dekorieren.

Tip: Dazu passen Wildreis und ein kräftiger Rotwein, der auch zum Kochen genommen werden sollte. Die Begonienblüten sind ein guter Ersatz für die Orangenblüten, sie schmecken angenehm säuerlich.

Süßdolde *Myrrhis odorata*

An warmen Tagen erfüllt der Duft der Süßdolde den Kräutergarten und die Staudenrabatte. „Nach Myrrhe duftend" lautet die
Übersetzung des lateinischen Namens. Die Süßdolde gehört zu den Doldenblütlern; sie ist eine
aromatische Staude Europas und Asiens und
wird auch Myrrhenkerbel oder Spanischer Kerbel genannt. Ihr Duft und der Geschmack nach
Anis und Lakritz zeichnen sie aus. Die Pflanze
wächst gut im lichten Schatten und in frischen,
nahrhaften Böden. An ihr zusagenden Plätzen
sät sie sich selbst aus. Die zarten weißen Doldenblüten erscheinen von April bis Juni. Diese
attraktive, bis zu anderthalb Meter hohe Großstaude paßt mit ihrem natürlichen Charakter
und den farnartigen Blättern gut zu Vergißmeinnicht und Waldmeister, die zur gleichen
Zeit blühen.
Die ganze Pflanze vom Wurzelstock bis hin zu
den Blüten und Samen ist eßbar. Die kleinen
zarten Stengel, die jungen Blättchen und Blüten
und die frischen, noch weichen grünen Samen
schmecken köstlich süß.
In England ist die bei uns selten zu findende
Pflanze sehr beliebt. Die zerquetschten, duftenden Samen wurden dort früher als Möbelpolitur genutzt. Die Süßdolde galt auch als sanftes
Mittel gegen Magenverstimmung und als Tonikum. Seit Jahrhunderten wird sie dort in der
Küche verwendet. Ihr süßes Aroma mildert säurehaltige Nachspeisen wie Rhabarber- oder
Stachelbeerkompott und spart so Zucker ein.
Sie schmeckt auch gut in Salaten, in Desserts
und als interessantes Gewürz in Marmeladen.

Erdbeer-Tiramisu mit Süßdolde

15 Löffelbisquits
1 Orange
1 Likörglas Pfirsichlikör
250 g Erdbeeren
2 El Vanillezucker
250 g Mascarpone
2 Eigelbe
Garnitur: Samen und Blüten der Süßdolde,
100 g Borkenschokolade

Eine kleine Schüssel mit den Löffelbisquits aus-
legen, mit dem Saft einer 1/2 Orange und dem
Pfirsichlikör tränken. In Scheiben geschnittene
Erdbeeren (einige Erdbeeren als Garnitur aufhe-
ben) auf die Löffelbisquits geben, mit dem
Zucker bestreuen. Mascarpone mit dem Saft
der anderen Orangenhälfte und zwei Eigelben
cremig rühren. Auf die Erdbeeren streichen und
den äußeren Rand dick mit grob zerbröselter
Borkenschokolade bestreuen. Die Mitte mit
Samen und Blüten der Süßdolde und einigen
Erdbeeren verzieren.

Käseherzen mit Süßdolde

500 g Schichtkäse
2 El Honig
Süßdoldenblätter
Garnitur: Samen, Stengel und Blüten der Süßdolde, 100 g Erdbeeren

Den Schichtkäse über Nacht in einem mit
einem Mulltuch ausgelegten Sieb abtropfen las-
sen. Mit dem Honig verrühren. Käsemasse
flachdrücken und mit einem Keksausstecher
Herzen formen. Mit den grünen, noch weichen
Samen und feingehackten Stengeln und Blüten
der Süßdolde bestreuen.
Erdbeeren fächerartig einschneiden und mit den
Käseherzen auf Süßdoldenblättern anrichten.
Als Garnitur: Blätter, Samen und Blüten der
Süßdolde.

Tip: Mit verschiedenen Käsesorten und Obst
als Käsegang servieren.

Holunder *Sambucus nigra*

Der Holunderstrauch aus der Familie der Geiß-
blattgewächse, in manchen Gegenden auch Flieder genannt, begleitet den Menschen schon seit
Jahrtausenden. Zweimal im Jahr erscheint der
sonst unscheinbare Strauch im auffälligen
Schmuck. Im Juni bedecken ihn die üppigen,
cremefarbenen, süßduftenden Blütendolden wie
ein zartes Spitzengeriesel. Im Herbst neigen sich
die Zweige unter schweren Dolden violett-
schwarzer Beeren.
Der raschwachsende Strauch, in Europa und
Asien heimisch, ist ein Kulturbegleiter. Der
Holunder liebt nahrhaften Boden und verträgt
Schatten. Rund um Siedlungen, Bauernhäuser
und Dörfer siedelt er sich gerne an. Er wächst
aber auch in Hecken, Gebüsch und Unterholz
und betäubt zur Blütezeit mit süßlichen Duft-
wolken so manchen Spaziergänger. Die Vögel
verschleppen die Beeren überallhin, und rings
um einen Holunderstrauch wachsen zum Ver-
druß vieler Gärtner unzählige Sämlinge.
Im Brauchtum und Volksglauben spielte der
Holler- oder Holderbusch eine große Rolle: Er
war Hausapotheke und Nahrungsmittel
zugleich. Wurzel, Rinde, Blätter, Blüten und
Beeren, alles am Holunder ist heilkräftig. Im
Mittelalter galt er als Abwehrmittel gegen
Hexen. Eine ehrerbietige Haltung ihm gegen-
über war daher angebracht: Man sollte sich
beim Vorübergehen siebenmal verneigen oder
auch tief den Hut ziehen. Zweimal im Jahr war
Erntezeit. Die Beeren, die reichliche Mengen an
B-Vitaminen enthalten, wurden als Saft verarbeitet, als Likör angesetzt und in Erkältungszei-
ten als heiße Fliederbeersuppe oder Fliederbeer-

saft gereicht. In vielen Gegenden ist das heute noch durchaus üblich. Roh dürfen die Beeren jedoch nicht gegessen werden. Sie verursachen Magenverstimmungen und Brechreiz.

Die Blütendolden werden von alters her als schweißtreibender Grippetee genutzt. Auch vorbeugend kann der Tee getrunken werden, es wird ihm eine Resistenzsteigerung zugesprochen.

Die in den schönen Blüten enthaltene Apfel-Baldrian-Weinsäure ist für den erfrischenden Geschmack der früher so beliebten Holunderlimonade verantwortlich. Auf dem Land war dies die einzige Art von Limonade, die es an heißen Sommertagen für die Kinder gab. Kindheitserinnerungen an den unverwechselbaren Duft und Geschmack lassen für viele noch heute jeden blühenden Holunder nach erfrischender Limonade duften. Auch Hollerküchlein — in Öl ausgebackene Blütendolden — waren allgemein beliebt. Am Sonntagnachmittag können sie auch heute noch ein preiswerter, origineller Kuchenersatz zur Kaffeestunde sein.

Holunderküchlein

150 g Mehl
50 g Speisestärke
2 Eigelbe
300 ml Milch
100 ml Wein
4 Holunderblütendolden
4 Tl Kirsch- oder Johannisbeermarmelade
1/8 l Öl
Puderzucker

Eigelbe mit Mehl, Speisestärke, Milch und Wein verquirlen. Die frisch gepflückten, gerade aufgeblühten Holunderdolden gut ausschütteln und auf Insekten untersuchen (nicht waschen, sie verlieren den Duft!), in die Teigmischung eintauchen und in heißem Öl knusprig ausbacken. Mit Puderzucker bestäuben und mit einem Klecks Kirsch- oder Johannisbeermarmelade anrichten. Zum Kaffee servieren.

Holundersirup

20 Holunderblütendolden
2 Zitronen
1 1/2 kg Zucker
30 g Zitronensäure
1 1/2 l Wasser

Die in Scheiben geschnittenen Zitronen in ein Steingutgefäß geben, Holunderblütendolden, Zucker, Zitronensäure und kochendes Wasser zufügen. Gut umrühren. Zudecken und an einem kühlen Ort 2–3 Tage ziehen lassen, öfter umrühren. Dann absieben, einfrieren oder in Flaschen füllen und sterilisieren. Zum Trinken mit kaltem oder heißem Wasser (im Winter gut gegen Erkältungen) 1:4 auffüllen. Mit Mineralwasser besonders erfrischend!

Holunderblüten-Aperitif

1 kleine Flasche Holunderblütensirup
1 Flasche Wein oder Sekt
4 Erdbeeren
Garnitur: Rosen

1–2 Fingerbreit Holundersirup in ein Glas
(0,2 l) geben, mit trockenem Wein oder Sekt
auffüllen. Mit Erdbeerscheibchen und frühblü-
henden Rosen garnieren. Zur Holunderblütezeit
mit ein paar ausgeschüttelten Blütensternen servieren.

Blüten in verschiedenen Konservierungsformen

Blüten in Eis

Für leichte, fruchtige Longdrinks mit oder ohne
Alkohol sind Blüten in Eiswürfeln eine wunder-
schöne und originelle kühlende Zutat. Im Frühling eignen sich Veilchen, Gänseblümchen und
Schlüsselblumen besonders gut dafür. Aber nur
die Veilchen geben Duft und Aroma an das
Getränk weiter. Zum Aromatisieren dürfen
auch noch ein oder zwei Triebe Waldmeister
zugegeben werden. Auch die zarten Blüten von
Kirschen, Birnen und Äpfeln sowie deren Zier-
formen lassen sich in den Kälteschlaf versen-
ken.
In der heißen Jahreszeit können Kräuterblüten
und Rosen in Eis die sommerlichen Getränke
kühlen. Besonders schön sind die himmelblauen
Blütensterne von Boretsch mit ihrem kühlenden
Gurkenaroma, aber auch kleinblütige Rosen
wie die lilarosa „Mozart" mit weißem Auge
oder die karminrote „Robin Hood". Natürlich
können die Blüten auch ohne Eis das Getränk
verzieren.
Nach dem trüben Winter aber erfreuen uns die
zarten Blüten ganz besonders: der Frühling en
miniature im Glas!

Blüteneiswürfel

Eine Eiswürfelschale — besonders schön sind
runde Formen, die denen der Blüten entspre-
chen, oder Motivformen, z. B. Ananas — mit
Wasser füllen und die Blüten einlegen, sie dabei
etwas unter die Wasseroberfläche drücken und
gefrieren lassen.

Blütenessige

Blütenessige wurden früher in vielen Haushalten angesetzt und für kosmetische Zwecke, aber auch zum Würzen von Ragouts und Salaten verwendet. Außerdem gab es bei Kopfschmerzen und zur Nervenberuhigung einen Teelöffel Veilchenessig in einem Glas mit Zuckerwasser zu trinken.

In der Küche sind die interessanten und ungewöhnlichen Blütenessige in reizvollen Farbtönungen von Gelb über Rosa bis zu Lila eine schnelle Würze für jede Salatzubereitung, ob nun mild, kräftig oder fruchtig. Die Römer würzten ihren Wein mit Rosenblüten und Veilchen; heute sind die duftenden Blüten, wie schon in früheren Zeiten, im Essig ein Aromaspender.

Diese ausgefallenen Blütenessige gibt es nicht zu kaufen, man kann sie aber ganz schnell selbermachen und sich so eine individuelle Würzbar einrichten. Zur Salatsauce nimmt man dann ein neutrales Öl, damit das Blütenaroma nicht überdeckt wird.

Veilchenessig

1—2 Handvoll Veilchen
1/2 l Weinessig

Die Blüten in eine dekorative Flasche geben,
mit dem echten Weinessig auffüllen (oder mit
nach Vorschrift verdünnter Essig-Essenz) und
14 Tage auf einer sonnigen Fensterbank ausziehen lassen. Abseihen oder die Blüten in der
Flasche lassen, kühl und dunkel aufbewahren.

Tip: Veilchenessig schmeckt nach einer längeren
Lagerung besonders gut. Er paßt hervorragend
zu einem leicht bitteren Radiccio — oder zu
einem Wildkräutersalat.

Blütenessig

1/2 l Weißweinessig
oder 4 Meßkappen Essig-Essenz mit 1/2 l
Wasser
1 Handvoll Blüten nach Wahl

Den Essig in eine dekorative Flasche füllen,
Blüten zufügen (z. B. Veilchen, Schlüsselblumen,
rote Rosen, Lavendel, Kapuzinerkresseblüten).
Der Rosenessig wird noch aromatischer durch
eine Handvoll Himbeeren. 2 Wochen auf der
Fensterbank ausziehen lassen, abfiltern und
kühl und dunkel aufbewahren.

Tip: Blütenessige passen besonders gut zu
Mischsalaten mit Erdbeeren, Johannisbeeren
oder Himbeeren.

Echte und falsche Kapern

Für Königsberger Klopse sind die pikanten
Kapern noch immer unverzichtbar. Die in Essig
und Salz eingelegten Blütenknospen des
Kapernstrauches *Capparis spinosa* finden sich
in allen Supermarktregalen. Der wunderschön
rosa-weiß blühende Strauch gedeiht aber nur in
den Mittelmeerländern.
Interessanten Kapernersatz hat man jedoch im
Garten. Die winzigkleinen Blütenknospen von
Gänseblümchen, so klein wie die kleinsten echten Kapern − die Nonpareilles −, die wesent-
lich größeren Knospen von Löwenzahn sowie
die zarten Knospen und die noch weichen
Samen der Kapuzinerkresse können wie Kapern
eingelegt werden und halten bis in den Winter
oder sogar bis zur nächsten Ernte.
Für Königsberger Klopse sind die falschen
Kapern aber fast zu schade! Sie schmecken
pikant in einem würzigen Salat mit Schafskäse,
und die größeren Löwenzahnkapern kann man
wie Oliven zu einer Vorspeisenplatte reichen.
Sie passen zu gekochten Eiern und, in einer
leichten Senfsauce, zu Fisch. Experimentieren
ist möglich!

Kapern einlegen

2 Handvoll Blütenknospen von Gänseblümchen
oder Löwenzahn
1/2 Tl Salz
1/8 l Kräuteressig

Zwei Handvoll noch ganz geschlossener Knospen von Gänseblümchen oder Löwenzahn (oder auch beide gemischt) mit dem Salz bestreuen und ein paar Stunden stehen lassen. Den Kräuter- oder Weinessig aufkochen und die Knospen kurz aufwallen lassen, den Essig absieben und ein zweites Mal aufkochen. Zusammen mit den Kapern in ein kleines Schraubglas füllen und gut verschließen. Nach ein paar Tagen den Essig nochmals aufkochen und wieder über die Kapern geben. Kühl und dunkel lagern. Nach 14 Tagen kann probiert werden.

Spaghetti mit Kapern-Lachssauce

500 g Spaghetti
500 g frisches Lachsfilet
80 g Butter
250 ml Sahne
250 ml Gemüsebrühe
2 El Noilly Prat (frz. Wermut)
4 El Blütenkapern
2 Tl Anis- oder Fenchelsamen
Meersalz, Pfeffer
Garnitur: 4 El Fenchelspitzen, 4 Zitronen-
melissetriebspitzen, 4 orangefarbene Kapuzinerkresseblüten

Sahne mit der Butter aufkochen, den Wermut
zufügen, salzen und die Lachsfilets einlegen.
10−12 Minuten leise köcheln lassen. Den Lachs
aus der Sauce nehmen, die Blütenkapern zufügen, mit Salz, Pfeffer und Anis- oder Fenchelsamen abschmecken. Mit dem in kleine Stücke
zerpflückten Lachs über die gekochten und in
Butter geschwenkten Spaghetti geben. Mit Fenchelspitzen, Zitronenmelisse und Kapuzinerkresseblüten garniert servieren.

Tip: Dazu passen ein Kopfsalat, angemacht mit
Kapuzinerkresseblüten und Kapuzinerkresseblütenessig, und ein trockener Weißwein, z. B.
ein Pinot Grigio. Statt der falschen Blütenkapern können Sie natürlich auch die echten
Kapern nehmen!

Kandierte Blüten

Mit Zucker haltbar gemachte Blüten sind wahre
Köstlichkeiten! Kandierte Veilchen und Rosenblüten, die in den Rezeptbüchern unserer Groß-
mütter für Desserts verwendet wurden, gibt es
noch heute zu kaufen, häufiger jedoch in
Frankreich und in Italien als bei uns. In französischen Konditoreien bekommt man feine, prali-
nenartige Schokoladentörtchen mit kandierten
Veilchen.
Auch das Selbermachen ist ganz leicht. Alle
eßbaren Blüten sind geeignet. Das beste Aroma
aber bringen die duftenden Veilchen und die
Rosen. Im Frühling eignen sich viele Obst-
baumblüten dafür, auch Zierkirschen und Man-
delblüten, Veilchen, kleine und große Stiefmütterchen in vielen Farben, Gänseblümchen und
Schlüsselblumen.
Im Sommer kann man alle Rosen nehmen, ob
klein oder groß, einfach oder gefüllt − für die
Kuchentafel ein krönender Genuß. Kompott
oder Dessert läßt sich besonders gut mit kandierten Blüten verzieren, die knusprige Konsistenz der gezuckerten Schönheiten ist dabei ein
interessanter Kontrast zur cremigen Süßspeise.
Solo zum Tee oder Likör gereicht, sind sie eine
Überraschung für Gäste.

Kandierte Blüten

1–2 Eiweiß
100 g feiner Zucker
Blüten nach Wahl, z. B. Rosen, Veilchen, Stiefmütterchen, Gänseblümchen, Obstblüten,
Lavendel

Eiweiß leicht verschlagen, Blüten mit einem
Backpinsel dünn mit Eiweiß bestreichen und
mit feinem Zucker bestreuen. Überschüssigen
Zucker vorsichtig abschütteln. Zwei bis drei
Tage auf einem Kuchenrost in der warmen
Küche trocknen, bis sie sich glashart anfühlen.
Zum Aufbewahren zwischen Lagen von Wach-
spapier in eine gut verschließbare Keksdose
legen.

Rhabarberkompott mit kandierten Frühlings-
blüten

300 g Rhabarber
250 g Erdbeeren
80 g Zucker
1/8 l Wasser
Garnitur: kandierte Blüten, 4 EL flüssige Sahne

Rhabarber zusammen mit den Erdbeeren in
wenig Wasser kurz dünsten, zuckern. Gut
durchkühlen lassen. Mit flüssiger Sahne und
mit kandierten Gänseblümchen, Erdbeerblüten
oder Apfelblüten servieren.

Vanilleeis mit kandierten Veilchen

1/8 l Sahne
1/8 l Milch
2 Vanilleschoten
60 g Zucker oder 3 El Veilchensirup
4 Eigelbe
Garnitur: kandierte Veilchen

Sahne und Milch mit den ausgekratzten Vanilleschoten heiß werden lassen. Die Eigelbe mit
dem Zucker (oder dem Veilchensirup) im
Wasserbad dazugeben und cremig rühren. In
der Eismaschine gefrieren lassen. Mit dem
Eisportionierer Kugeln formen und in Dessert-
schalen anrichten. Mit etwas Veilchensirup
beträufeln und mit den kandierten Veilchen
dekorieren.

Sommer

Oh, wer um alle Rosen wüßte,
die rings in stillen Gärten stehn
Oh, wer um alle wüßte, müßte
wie im Rausch durchs Leben gehn

Christian Morgenstern

Die ersten Rosen blühen schon im Mai: Noch vor Sommerbeginn wird es üppig grün und farbig im Garten. Die Jahreszeiten gehen unmerklich ineinander über, und es gibt keine Lücken in der Blütenküche.

Im Sommer mögen wir das Essen leicht und erfrischend. Kräuter und Kräuterblüten würzen Sommermenüs, erfrischende Getränke und kalte Kräutertees begleiten die Mahlzeiten, Minzeblättchen und -blüten garnieren Desserts. Die schönsten Möglichkeiten bietet uns die Rose in all ihrer Vielfalt, die ungewöhnlichsten die Taglilie. Ringelblumen und Kapuzinerkresse blühen den ganzen Sommer hindurch. Himmelblaue Boretsch- und rote Monardenblüten vervollständigen die Farbpalette und die Geschmacksvielfalt.

An langen warmen Sommerabenden wird das Essen auf der Terrasse eingenommen. Genießen und feiern wir die schöne Jahreszeit mit all ihren Geschenken.

Boretschblüten

Taglilie *Hemerocallis*

Die Taglilien aus der Familie der Liliengewächse sind prachtvolle Gartenstauden und gehören in den USA zu den populärsten Gartenpflanzen überhaupt. Taglilien sind schön und pflegeleicht, wenig anfällig für Krankheiten und Schädlinge. „Die Blume des intelligenten Faulen" nannte der große Staudenzüchter Karl Foerster die Taglilie. Sie macht keine Arbeit, sondern erspart sie uns, denn ihre grasartigen Laubfächer, die aufrecht wachsen, sich bei manchen Sorten aber auch elegant niederbiegen, unterdrücken das Wildkraut.

Auch in China hat die Taglilie eine lange Tradition. Sie gilt dort als „Sorgenkiller", da ihre frischen jungen Triebe nach dem Genuß leicht und beschwingt machen. Liao Ch'ou, „Vertreiber der Melancholie", oder O Wang Yu, „Sorgenvertreiber", nannte man sie schon im alten China. Die Wurzeln wurden in der Medizin genutzt und gegen Abszesse in der Brust, Wassersucht, Darmbluten und sogar Arsenvergiftungen eingesetzt.

Die schon früh im Jahr frischgrün austreibende Taglilie blüht von Mai bis zum Frost, wenn frühe, mittelfrühe und späte Sorten gepflanzt werden. Ihre lilienartigen Blüten sind schmackhaft und nährstoffreich. Sowohl getrocknet als auch frisch sind sie ein wichtiger Bestandteil in der chinesischen Küche. In Chinaläden kann man sie getrocknet als „Golden Needles" kaufen. Sie sind vitaminreich und enthalten fast soviel Vitamin A wie Spargel, aber mehr Vitamin C, und sie haben einen höheren Proteingehalt als dieser.

In China werden sie gedämpft und gedünstet,

geschmort in Reisgerichten und zu Geflügel und Suppen verwendet. Die Blüten werden frisch aufgeblüht gepflückt, die Knospen kurz vor dem Öffnen. Die Blüten und Knospen können gut eingefroren werden; eventuell sollte man sie vorher kurz blanchieren. Aber am besten sind sie knackig frisch im Salat und als Dessert zum Knabbern zu Obst und Käse.

Seit dem Mittelalter findet man die Taglilie in Europas Gärten. In Bauerngärten wächst noch heute die alte orangebraune Sorte *Hemerocallis fulva*. Die gezüchteten Hybriden sind vielfältig und in fast allen Farben zu haben.

Die Taglilie, „Schönheit für einen Tag", wurde schon vor einigen Jahrhunderten in China für große Gärten empfohlen: Die Gartenbesitzer sollten diese nützliche Blume im Überfluß pflanzen. Aber auch in kleinen Gärten sind Taglilien dankbare Schmuckstücke und können zudem herzhaft oder süß zubereitet zu Lachs, Krabben oder Spargel gereicht, zu thailändischem Duftreis mit Pilzen und Geflügel verarbeitet oder mit Sahne gefüllt werden.

Frühlingsrollen mit Taglilienknospen

4 Blätter Frühlingsrollenteig
200 g Hackfleisch
2 Schalotten
1 Glas Sojasprossen
1 Handvoll Taglilienknospen
Pfeffer, Salz
Fritieröl
Sojasauce
Garnitur: 4 Taglilienblüten

Frühlingsrollen (aus dem Asienshop) nach
Anweisung anfeuchten. Schalotten mit dem
Hackfleisch anbraten, pfeffern und salzen. Sojasprossen und Taglilienknospen kurz andünsten.
Die Mischung in die Blätter füllen und diese
aufrollen. In heißem Öl fritieren, bis sie gold-
braun sind. Mit Sojasauce servieren und mit
einer ganzen Taglilie garnieren.

Taglilien mit Melonenpotpourri

2 Honigmelonen
1/2 Wassermelone
1 Likörglas Pfirsichlikör
Garnitur: Taglilien, Minze

Aus einer Honigmelone und der Wassermelone
mit einem Melonenausstecher Bällchen ausstechen, den Saft dabei auffangen. Die Bällchen in
dem Saft mit einem Schuß Pfirsichlikör marinieren. Die zweite Honigmelone achteln, auf Por-
tionsteller verteilen. Die Bällchen mit dem Saft
über die Melonenachtel geben. Mit den Taglilien und je einem Zweig Minze dekorieren.

Kräuterblüten

Viele der duftenden Kräuter aus dem Kräutergarten stammen aus fernen Ländern. Schon in den Klostergärten und auf den Landgütern Karls des Großen wuchsen mediterrane Fremdlinge wie Thymian, Salbei, Lavendel und Rosmarin. Heute kommen immer mehr exotische Kräuter dazu, die einträchtig mit den bei uns schon lange heimischen Pflanzen wie Pimpinelle, Schnittlauch, Petersilie, Kerbel und Minze den Garten, die Küche und die Hausapotheke bereichern.

Auch die Blüten der Kräuter sind heilkräftig. In der Küche würzen sie etwas zurückhaltender als die Kräuter selbst. Sie regen den Appetit an, machen die Speisen besser bekömmlich und wirken zum Teil antibakteriell. Mediterrane Kräuter bringen zusammen mit Knoblauch den Duft der Mittelmeerküche ins Haus. Einfache Bratkartoffeln, mit Thymian oder Rosmarin gewürzt, erinnern an den Urlaub im Süden. Die zartlila Blüten des Thymians geben auch deftigen Schmalzbroten oder südlichen Gemüsegerichten den letzten Pfiff. Ein kräftiger Römer- oder Endiviensalat wird würziger durch Thymian-, Salbei- und Rosmarinblüten. Majoran- und Bohnenkrautblüten machen herzhafte Eintöpfe schmackhaft. Und Lavendelblüten sind nicht nur Duftspender im Wäscheschrank, sondern würzen Fischsuppen und Geflügel und sind unverzichtbar für die Kräutermischung „Herbes de Provence". Nicht nur die Samen des Gewürzfenchels, vom Fencheltee bekannt, sondern auch die grünlichgelben, nach Anis duftenden Doldenblüten sind verwendbar. Dillblüten werden von alters her

zum Einlegen von Gurken und als Würze für
den Kräuteressig gebraucht. Besonders schön
und auffallend sind die roten Zungenblüten der
Monarda didyma, auch Indianernessel genannt.
In ihrem Heimatland in Südamerika wurde die
Monarde von den Indianern als Teekraut
genutzt. Eisgekühlt ist ein Tee aus den nach
Orange duftenden Blättern im Sommer herrlich
erfrischend. Die Blüten würzen und schmücken
frische Salate, Obstsalate und Desserts. Ebenso
auffallend und genauso vielseitig einsetzbar
sind die himmelblauen Boretschblüten mit dem
leichten Gurkenaroma. Sie würzen Salate,
schmücken Desserts und sind, in Eiswürfel eingefroren, eine hübsche Zutat in erfrischenden
Longdrinks im Sommer. Auch die helllila Blüten von Minze schmücken Getränke und Salate.
Die kugeligen rosa Schnittlauchblüten runden
herzhafte Salate, Kräuterbutter und Butterbrote
ab. Zupft man sie aus und betrachtet sie
genauer, so sieht man, daß sich die Kugeln aus
vielen kleinen Mini-Glockenblumen zusammensetzen. Die filigrane Schönheit der Kräuterblüten entdeckt man erst aus der Nähe!

Thymiantarte mit Kräuterblüten

Für den Teig:
200 g Mehl
125 g Butter
1 Eigelb
4 El Eiswasser
Salz
Für die Füllung:
2 Eier, 2 Eigelbe
150 ml Sahne
200 ml saure Sahne
125 g gekochter Schinken
Je 1 El Petersilie, Thymian, Schnittlauch
Salz, Pfeffer
Garnitur: Salbei-, Thymian- und Schnittlauchblüten

Die kalten Zutaten schnell zu einem Mürbeteig
verkneten, 1/2 Stunde gut abgedeckt in den
Kühlschrank stellen. Den Teig ausrollen und in
eine gefettete Springform von 23 cm Durchmesser legen, einen Rand andrücken. Den Boden
mehrmals mit einer Gabel einstechen und bei
200°C 15 Minuten vorbacken. Für die Füllung
Eier, Eigelbe, Sahne und saure Sahne verrühren,
den Schinken würfeln und mit den gehackten
Kräutern zugeben. Mit Salz und Pfeffer würzen.
Dann auf den vorgebackenen Boden geben und
das ganze 20−25 Minuten backen. Die Tarte
mit den ausgezupften Blüten von Salbei, Thymian und Schnittlauch garnieren.

Tip: Mit einem frischen Salat und einem kühlen Glas Weißwein als sommerliches Abendessen servieren.

Blütenbrote

4 Scheiben Vollkornbrot
125 g Frischkäsecreme
1/2 Kohlrabi
3 Möhren
Garnitur: Blüten nach Wahl, z. B.
Kapuzinerkresse-, Thymian- und Schnittlauchblüten, 2 El gehackte Schnittlauchröllchen

Brote vierteln, mit dem Frischkäse bestreichen.
Kohlrabi in dünne Scheiben und dann in kleine
Dreiecke, Möhren in schmale Stifte schneiden.
Die Brote mit den Dreiecken und Stiften bele-
gen, mit Kräutern und Blüten garnieren.

Käsebrote mit Kümmelthymian

4 Scheiben Vollkornbrot
4 Tl Butter
200 g Gouda am Stück
Garnitur: Blütenzweige vom Kümmelthymian
Thymus herba-barona

Brote buttern, vierteln und mit dünn gehobel-
tem Käse belegen. Jedes Brotviertel mit Thymianblüten garnieren. Ersatzweise kann *Thymus vulgaris* verwendet werden.

Katalanisches Tomatenbrot

4 Graubrotscheiben
Olivenöl
4 Tomaten
1 Knoblauchzehe
1 Rosmarinzweig
1 Thymianzweig
Garnitur: Rosmarin- und Thymianblüten

Die Brote in Olivenöl rösten. Tomaten enthäuten, entkernen und in kleine Würfel schneiden. Mit der durchgepreßten Knoblauchzehe, dem Rosmarin und dem Thymian dünsten, salzen und pfeffern. Die Paste auf die Brote streichen und mit den Blüten garnieren.

Tip: Als Amuse gueule (Appetithäppchen) servieren.

Hüttenkäse mit Kräutern und Blüten

200 g Hüttenkäse
je 1 El Minze und Estragon
1 El gehackte Walnüsse
roter Wegerich oder Salatblätter
Garnitur: Kleeblüten, Boretschblüten

Hüttenkäse mit den feingehackten Kräutern und den gehackten Walnüssen verrühren. Auf roten Wegerich- oder Salatblättern anrichten. Mit den Blüten garnieren.

Tomatensalat „Flora"

8 Tomaten
3 El Olivenöl
2 El Kapuzinerkresseblütenessig
Meersalz, Pfeffer
Garnitur: Ringelblüten, Fenchelblüten,
Kapuzinerkresseblüten, Boretschblüten,
Basilikumblättchen

Tomaten in Scheiben schneiden, kreisförmig auf
einem großen Teller anrichten.
Salatsauce: Kapuzinerkresseblütenessig, Oli-
venöl, Meersalz und grobgeschroteten Pfeffer
verrühren.
Mit ausgezupften Ringelblüten in Gelb und
Orange und mit Kapuzinerkresseblüten garnie-
ren. Die angenehm nach Anis schmeckenden
Fenchelblüten, Basilikumblättchen und
Boretschblüten geben zusätzliche Farbe und
Würze.

Tip: Gut passen Schafskäse, Oliven und Fla-
denbrot dazu.

Grillplatte mit Kräuterblüten

4 Stielkoteletts
250 g Schweinenacken
2 dünne Rouladen
500 g Mett
1 kleine Zucchini
1/2 rote Paprikaschote
1/2 gelbe Paprikaschote
200 g Champignons
4 El Olivenöl
2 Knoblauchzehen
4 Scheiben Gouda
Pfeffer, Salz
10−12 Salbeiblätter
Thymianzweige
Garnitur: Salbei- und Thymianblüten

Marinade: Das Öl mit den kleingeschnittenen
Salbeiblättern, den Thymianzweigen und einer
kleingeschnittenen Knoblauchzehe mischen,
über das Schweinefleisch und die Koteletts
geben, 2−3 Stunden marinieren lassen.
Mettbällchen: Das Hackfleisch mit der zweiten
Knoblauchzehe und den kleingehackten Thymianzweigen mischen, mit Salz und Pfeffer
abschmecken. Kleine, ganz flache Mettbällchen
daraus formen. Jeweils zwei mit einer Scheibe
Käse dazwischen zusammensetzen.

Rouladenspieße: Die Rouladen in schmale Streifen schneiden, mit Olivenöl bepinseln und mit
der restlichen Hackmischung füllen. Zum Gril-
len mit der Marinade bepinseln.
Gemüsespieße: Das marinierte Schweinefleisch
in große Würfel schneiden und abwechselnd mit
Zucchinischeiben, Pilzen und Paprikastückchen
auf Grillspieße stecken.
Die marinierten Koteletts mit den Hackbällchen
und den Spießen auf einem Holzkohlengrill
garen und danach mit den Blüten von Salbei
und Thymian bestreuen.

Tip: Zur Aromaverstärkung können ein paar
Kräuterzweige mit in der Glut verbrannt werden.

*Provenzalische Kräutermischung mit Lavendel-
blüten*

je 1 Teil Bohnenkraut, Rosmarin und Lavendelblüten
je 2 Teile Basilikum, Oregano und Thymianblüten

Kräuter und Blüten trocknen, rebbeln und
mischen. In einem fest verschließbaren Schraubglas kühl und trocken aufbewahren. Für
Fleischgerichte, Eintöpfe und südliche Gemüse-
gerichte verwenden.

Rose *Rosa*

Die Rose begleitet die Geschichte der Menschheit nicht nur Jahrtausenden, sie war auch schon vor den Menschen da. Geologen haben Abdrücke von ihren fälschlicherweise als Dornen bezeichneten Stacheln und von Blättern in Ablagerungen des Tertiärs gefunden. In vielen Kulturen wurde sie als Symbol für Schönheit und Vollkommenheit angesehen, Sinnbild des Unendlichen und gleichzeitig des Vollendeten. Unsere heimische Rose ist die bescheiden zartrosa blühende Heckenrose *Rosa canina* aus der Familie der Rosengewächse. Die heutigen Gartenrosen, die sogenannten alten, historischen Rosen und die modernen Rosen stammen alle von den Rosen aus den Mittelmeerländern ab. Die Römer brachten sie wie Wein, Lavendel und Rosmarin bei ihrer Besiedlung Germaniens mit: Auf den geliebten Rosenluxus wollten sie im kühlen Norden nicht verzichten. Die Dauerblütigkeit der modernen Rosen wurde aber erst später durch das Einkreuzen öfterblühender chinesischer Rosen erzielt.
In ihrem Heimatland hatten die Römer sogar Rosenplantagen angelegt, um den immensen Bedarf für ihre Feste zu decken. Die Springbrunnen in den Städten waren mit Rosenwasser gefüllt, Rosenblüten würzten den Wein und rieselten bei den Gastmählern von der Decke, Rosengirlanden umkränzten die Tafel.
Auch heute gibt es in Bulgarien und Frankreich Rosenplantagen, denn immer noch ist diese stolze Blume auch eine Nutzpflanze. Rosenöl ist ein wichtiger Bestandteil in Parfums, Rosenwasser wird in der Kosmetik genutzt, im Tee wirken Rosenblüten gegen Durchfall und hormon-

regulierend, und im Marzipan ist das Rosenwasser seit alters unverzichtbar.
Ihre Blüten haben ein süßes, mildes Aroma.
Rosenbezeichnungen wie *Rosa officinalis* und
Rosa conditorum sind ein Hinweis auf ihre
nützlichen Eigenschaften. Von den süßduftenden, bescheidenen Heckenrosen über die Zentifolien mit ihrem fülligen typischen Rosenduft
bis zu den fruchtig gewürzhaft riechenden Tee-
rosen: Sie alle, ob einfach oder gefüllt, sind
eßbar! Für Desserts sollten Zentifolien oder
andere historische Rosen bevorzugt werden, ihre
Blütenblätter sind von zarterer Konsistenz als
die ihrer modernen Schwestern. Im Salat oder
für Sirup und Rosengelee lassen sich die
modernen Rosen mit ihren festen Blütenblättern
jedoch verwenden. Nur duften sollten sie alle!
Die Auswahl für den eigenen Garten ist schwer.
Es gibt so viele bezaubernde Rosen, sie verfüh-
ren immer zu noch mehr. Rosen können überall
blühen: in Hecken, an Pergolen, in Töpfen, in
eigens für sie erdachten Rosengärten und als
Solitäre. Wenn sie nicht gespritzt sind, dürfen
dann auch hin und wieder ein paar Rosen „ge-
opfert" werden, um in die Rosenbowle, kandiert auf den Kuchen oder in den Salat zu wan-
dern.

Melone mit Rosen

1 große Honigmelone
1/8 l Portwein
125 g Parmaschinken
Garnitur: gelbe Rosen, Minzeblättchen

Melone halbieren, die Kerne entfernen und in
die Höhlung Portwein gießen. Im Kühlschrank
gut durchkühlen lassen. Danach den Portwein
abgießen (evtl. zum Essen servieren) und die
Melone in Achtel schneiden. Mit Parmaschinken, Rosenblüten und Minzeblättchen servieren.

Kaninchenleber mit Rosen

400 g Leber vom Kaninchen oder vom Kalb
2−4 rote und rosa Rosen
2 El Sojasauce
1/8−1/4 l Gemüsebrühe oder Kalbsfond
1−2 El Rosenessig
1 El rosa Pfeffer
250 g Champignons
6−8 El Erdnußöl
Salz, Pfeffer

Das Öl in einem Wok erhitzen, die Leber unter Rühren kurz anbraten, die Pilze hinzufügen. Unter ständigem Rühren weiterbraten, dann den Fond und die Sojasauce, den Rosenessig, die ausgezupften Rosenblütenblätter und den rosa Pfeffer zugeben. Mit Salz und Pfeffer würzen und sofort servieren. Dazu passen Reis oder Fadennudeln.

Rosensalat mit Sommerfrüchten

1 Lollo Rosso
1 Eichblattsalat
6 El Walnußöl
3−4 El Himbeer-Rosenessig
Salz, Pfeffer, Kräutersalz
1/2−1 El Senf
Garnitur: 4−6 Rosenblüten,
2 Nektarinen,
je 2 El rote Johannisbeeren, Erdbeeren und
Himbeeren,
1 El schwarze Johannisbeeren,
schwarze und rote Johannisbeerrispen

Salate mundgerecht gezupft auf einer großen
Platte anrichten. In Scheiben geschnittene Nektarinen kreisförmig in der Mitte anordnen. Mit
den Beeren und den ausgezupften Rosenblüten
(hellen Blütenboden abschneiden, könnte bitter
sein) bestreuen. Ein paar ganze Johannisbeerrispen und Rosen als Garnitur dazulegen.
Salatsauce: Essig, Öl, Senf, Pfeffer, Salz und
Kräutersalz verrühren. Zu der Salatplatte reichen.

Tip: Zu dem Salat passen auch gut Zucchini-
streifen (mit dem Spargelschäler der Länge nach
dünn abgehobelt) und ein paar Minzeblättchen.

Käseplatte mit Obst und Rosen

Eine sommerliche Käseplatte wird durch knackige Kirschen und zarte Rosen zu etwas Besonderem. Eine Käseauswahl von feinwürzigen, milden Käsesorten wie Camembert, Pyrenäenkäse und milder Ziegenkäse eignet sich dazu. Aber auch ein kräftig schmeckender Roquefort mit einem französischen Rotwein oder einer Beerenauslese kann als eine interessante Ergänzung versucht werden.
Die ausgezupften Rosenblüten dürfen mit dem Käse zusammen probiert werden.

Rosengelee

12–15 stark duftende Rosen (rot oder rosa)
1 kg Gelierzucker
3/4 l trockener Weißwein

Die Rosen entblättern und den hellen Blütenboden abschneiden (könnte bitter sein). Die Blütenblätter mit dem Wein bis kurz vor den Siedepunkt erhitzen, 10–15 Minuten ziehen lassen, dann absieben. Den Gelierzucker in die abgekühlte Flüssigkeit geben und unter Rühren vier Minuten sprudelnd kochen lassen. In heiß ausgespülte Gläser geben und verschließen.

Tip: Zur Aromaverstärkung lieber kein Rosenöl verwenden, das Gelee schmeckt dann zu aufdringlich parfümiert.

Scones mit Rosengelee

200 g Weizenmehl
2 Tl Backpulver
1/2 Tl Salz
50 g Butter
1/8 l Milch
150 g Crème double
1 kleines Glas Rosengelee
Garnitur: Rosen

Mehl und Backpulver in eine Schüssel sieben.
Mit den Händen das Mehl mit der Butter ver-
reiben, bis die Mischung bröselt. Salz und
Milch zugeben und zu einem weichen Teig ver-
arbeiten. 2 cm dick ausrollen, mit einer Form
von 5 cm Durchmesser Kreise ausstechen. Mit
etwas Milch bestreichen und auf einem einge-
fetteten Backblech ca. 10 Minuten bei 175°C
backen. Nach dem Auskühlen durchschneiden
und mit Crème double und Rosengelee bestreichen. Wieder zusammensetzen und mit Puderzucker bestreuen. Auf einem Silbertablett mit
frischen Rosen garniert servieren.

Rosensirup

2 Handvoll stark duftende Rosenblüten
1 Zitrone
1/2 l Wasser

Von den Rosenblüten den hellen Blütenboden
abschneiden (könnte bitter sein), die Blüten mit
dem kochenden Wasser einmal aufkochen, dann
gut verschlossen 15 Minuten ziehen lassen.
Absieben und im Verhältnis 1:1 mit Zucker
nochmals aufkochen, in Flaschen füllen oder
einfrieren. Zum Aromatisieren von Obstsalat
oder für Kuchenglasuren.

Rosenwasser

4 Handvoll stark duftende Rosenblüten
1/2 l Wasser

Von 2 Handvoll Rosenblüten die hellen Blüten-
böden abschneiden (könnte bitter sein), mit
dem erwärmten Wasser übergießen, zudecken
und 2 Tage ziehen lassen. Absieben und mit
den restlichen Rosen nochmals ziehen lassen.
Das Rosenwasser kann eingefroren werden. Für
selbstgemachtes Marzipan oder für Kuchenglasuren verwenden.

Rosenbowle

6—8 duftende Rosen
2 El Zucker
1 kleines Glas Cognac
2 Flaschen trockener Weißwein
1 Flasche trockener Sekt

Von den Rosenblüten den hellen Blütenboden
abschneiden (könnte bitter sein), mit dem
Zucker, dem Cognac und einer halben Flasche
Wein 1—2 Stunden ziehen lassen, dann absieben. Zum Servieren den restlichen Wein und
den Sekt zugeben, mit frischen Rosenblüten
garnieren.

Kapuzinerkresse *Tropaeolum majus*

Die bei uns einjährige Kapuzinerkresse aus der
Familie der Kapuzinerkressegewächse wird auch
Indianerkresse genannt und stammt ursprüng-
lich aus Peru. Spanische Eroberer brachten sie
schon im 16. Jahrhundert nach Europa. Seitdem
wächst sie in den leuchtenden Farben Orange,
Gelb und Rot in unseren Gärten und auf Bal-
konen, in Kübeln und Töpfen und an Zäunen.
Ihre Farbenpracht ist jedoch nur einer ihrer
Vorzüge: Für die Pflanze interessiert sich die
moderne Wissenschaft. Sie ist antibiotisch
wirksam und steigert die Infektabwehr. Bei
Bronchitis und Harnwegentzündungen wird der
Preßsaft aus Blättern, Blüten und Samen eingesetzt. Ihre im Geschmack kresseähnlichen Blüten und Blätter haben einen hohen Gehalt an
Vitamin C. Das erfrischend scharfe Aroma
paßt gut zu Salaten, Eierspeisen und als Würze
im Essig. Ihre Knospen und die weichen Samen
können auch als falsche Kapern eingelegt werden.
In ihrer Heimat wird die Kapuzinerkresse als
mehrjährige Staude gezogen. Es gibt dort etwa
80 verschiedene Sorten. Auch bei uns wachsen
viele Varietäten kletternder oder nicht kletternder Arten, beispielsweise eine Form mit weißge-
fleckten, sogenannten panaschierten Blättern,
die Sorte „Alaska".
Da die Pflanze kälteempfindlich ist, darf sie
erst nach den Eisheiligen ausgepflanzt werden.
Sie wird im Zimmer oder im Gewächshaus vor-
kultiviert. Anfang Mai ist auch eine Direktsaat
möglich. Sie gedeiht in der Sonne und im
Halbschatten in humosen Böden. Zu reichliche
Nahrung läßt die Kapuzinerkresse zu stark ins

Kraut schießen; dann bringt sie zwar viele Blätter, aber nur wenige Blüten.
Die Blüten haben einen auffallenden Sporn am
Kelchgrund, in dem sich gern kleine Insekten
sammeln. Deshalb sollte man sie vor dem Servieren gründlich mit Wasser ausspülen, eventuell auch den Sporn aufschneiden und untersuchen. Interessant sind die ungewöhnlich
geformten, schildförmigen Blätter der Pflanze.
Die jungen Blätter sind sehr gut als Kresse-
ersatz zu verwenden, die größeren eignen sich
als Unterlage für kleine Häppchen.
In ihrer Heimat wird die Indianerkresse auch
als Pflaster benutzt; wir legen sie aber lieber
auf das Butterbrot und die Blüten als Garnitur
in Suppen und Salate.

Lachsrosen auf kleinem Kräutersalat

4 Scheiben Räucherlachs
3 El Walnußöl
1 El Sherryessig
1/2 El Balsamico-Essig
1/2 Tl Estragonsenf
Pfeffer, Salz
2−3 Handvoll Löwenzahnblättchen
je 1 Handvoll Kerbelblättchen, Pimpinellenzweige, Fenchelspitzen und Kresseblätter
Garnitur: Kapuzinerkresseblüten und -blätter

Kräuterblättchen mischen.
Salatsauce: Öl und Essige mit Senf, Pfeffer und
Salz verrühren und unter die Salatmischung
heben. Den Lachs zu Rosen formen und auf
dem Salat ausrichten. Mit Kapuzinerkresseblüten in Gelb und Orange garnieren.

Paprikaschiffchen mit Kapuzinerkresseblüten

1 rote, 1 grüne und 1 gelbe Paprikaschote
400 g Hüttenkäse
2 Handvoll gehackte Kräuter, z. B. Schnittlauch,
Petersilie, Kresse, Sauerampfer
Salz, Pfeffer
Kapuzinerkresseblüten

Paprikaschoten längs in „Schiffchenform"
schneiden. Hüttenkäse mit Salz, Pfeffer und
gehackten Kräutern würzen, in die Paprika füllen und Kapuzinerkresseblüten in Gelb und
Orange oder Rot als „Segel" setzen.

Tip: Farblich schön und lecker sind dazu frische, grüne Pistazien.

Lachs mit Kapuzinerkresseblüten

600 g Lachsfilet
1 Bund Frühlingszwiebeln
30 g Butter
1/8 l trockener Weißwein
1/4 l Sahne
Salz, Pfeffer, Worcestersauce
Garnitur: Kapuzinerkresseblüten und -blätter

Das Lachsfilet waschen, trockentupfen und in vier Portionsstücke teilen. Die Frühlingszwiebeln in der Butter kurz andünsten, mit dem Weißwein und der Sahne ablöschen. Etwas einkochen lassen, salzen und die Lachsfilets hineingeben. Bei mittlerer Hitze ca. 10–15 Minuten ziehen lassen. Mit Salz, Pfeffer und wenigen Tropfen Worcestersauce abschmecken und mit Kapuzinerkresseblüten und -blättern garnieren.

Herbst

Mit gelben Birnen hänget
und voll mit wilden Rosen
das Land in den See hinein

Friedrich Hölderlin

Warme goldene Oktobertage trösten uns über den Abschied der Gartensaison hinweg. Der Herbst bringt Erntefreuden: rotbackige Äpfel, goldgelbe Birnen und Quitten, grüne und blaue Trauben und blaubereifte Pflaumen. Die Früchte inspirieren uns zu Kompott, Marmelade und Saft. Die Küche darf jetzt wieder etwas herzhafter sein. Man hat Appetit auf warme Suppen, kräftige Gemüse und Braten. Die Wildsaison beginnt. Mit den gefüllten Vorratsregalen sieht man dem Winter gelassen entgegen.

Herbstliche Farbsymphonien in den Tönungen des Indian Summer mit Ringelblumen, Kapuzinerkresseblüten und Rosen begleiten uns bis zum ersten Frost. Dahlien und Chrysanthemen in satten Farben lassen den Garten bunt erstrahlen. An den noch warmen Tagen erfreuen wir uns weiterhin an der leichten Blumenküche, die nun als Zugabe zu kräftigeren Gerichten dient. Und die Chrysanthemenblüten verlängern die Saison bis in den November hinein.

Lavendelblüten und Ringelblumen

Ringelblume *Calendula officinalis*

Die traditionsreiche Heilpflanze ist in allen Bauerngärten heimisch. Sie stammt aus dem Mittelmeerraum und Asien. Seit dem Mittelalter blüht die Ringelblume mit dem leicht harzigen, unverwechselbaren Geruch und Geschmack auch bei uns.

Ihre strahlend gelb- und orangefarbenen Blüten, die wie kleine Sonnen aussehen, zeigen den Sommer an. Sie blühen vom Mai bis zum Frost. Ihre warmen Farben passen besonders gut in die Herbstsaison.

In Mischkultur mit Gemüse fördert die Ringelblume die Gesundheit der Gemüsepflanzen und vertreibt die gefürchteten Wurzelälchen, die Nematoden. Da sie sich immer wieder selbst aussät, ist sie eine problemlose einjährige Gartenpflanze. Manche Gärtner mögen sie nicht, die Farben „beißen" sich mit den zarten Farbnuancen historischer Rosen: Sie wirken zu kräftig und bäuerlich. Wenn man jedoch den Garten in einzelne Abschnitte unterteilt, kann die *Calendula officinalis* im Gemüsegarten, im Kräutergarten oder im bunten Blumenbeet Platz finden. Die Rosen haben dann ein eigenes Quartier.

Früher wurde die Ringelblume als Färbemittel benutzt: für Butter, Fisch, Reis und sogar als Spülung für blonde Haare. Die safranähnliche Färbung der Lebensmittel gab ihr den Namen „Arme-Leute-Safran". Denn Safran, das aus dem Safrankrokus *Crocus sativus* gewonnene Gewürz, war das teuerste Lebensmittel der Welt. Oftmals wurde Safran auch mit Ringelblumen „gestreckt", also verfälscht. Darauf standen jedoch hohe Strafen. In der Heilkunde gilt die Ringelblume als blutreinigend, galletreibend und krampflösend. Allen bekannt ist sie als Heilpflanze für Salben und Kompressen. Ihre Blütenblätter enthalten karotinverwandte Farbstoffe, Harze und Enzyme. Ausgezupfte Blüten sorgen für Farbe und Aroma im Reis, im Salat, aber auch im Kuchen, denn der falsche Safran macht wie der echte „den Kuchen gehl". Trocknet man die gelben Blütensonnen, am besten ausgezupft, dann braucht man auch im Winter nicht auf den Safranersatz zu verzichten. Sie lassen sich aber auch sehr gut einfrieren.

Im Altertum galt die Ringelblume als die Heilige Blume der Buddhisten, heute bereichert sie unsere Salate! Am schönsten und leuchtendsten sieht es aus, wenn gold- und orangefarbige Blüten zusammen verwendet werden.

Ein ganz einfaches Rezept mit *Calendula officinalis:*

Ringelblumenbutter

125 g Butter
1/2 Tl Curry (mild)
Meersalz
2−3 Ringelblüten

Die weiche Butter mit einer ausgezupften Ringelblüte, Salz und Curry würzen, mit ganzen Ringelblüten anrichten.

Rohkost mit Blütensauce

1 Lollo Rosso
1 Bund Brunnenkresse
4 kleine Zucchini
2 Zucchiniblüten
150 g Crème fraîche
1 El Ketchup
1 El Walnußöl
2 El Himbeer-Rosenessig (Rezept siehe Seite 70)
Mayonnaise nach Geschmack
Salz, Pfeffer
Garnitur: 2 Ringelblumen

Salat zerpflücken, Brunnenkresse von den Stielen zupfen, 2 Zucchini in Scheiben schneiden, 2 Zucchini mit dem Spargelschäler in lange Streifen hobeln.
Salatsauce: Crème fraîche, Ketchup, Öl und Essig verrühren. Mit Mayonnaise, Pfeffer und Salz abschmecken. Mit ausgezupften Ringelblumen zu der Rohkost servieren.

Tip: Dazu paßt ein Fleischspieß vom Grill.

Risotto mit echtem und falschem Safran

3 Tassen Langkornreis
6 Tassen Gemüsebrühe
2 Schalotten
2 El Öl
2 El Ringelblüten
6 Safranfäden
8 Frühlingszwiebeln
12 Shrimps
1 Knoblauchzehe
2 El Olivenöl
Garnitur: Ringelblumen

Reis mit den gehackten Schalotten in dem Öl
glasig dünsten, mit Gemüsebrühe auffüllen,
Ringelblüten und Safranfäden zugeben, ca. 18
Minuten zugedeckt köcheln lassen. Frühlings-
zwiebeln in Olivenöl anbraten, Shrimps mit
gehacktem Knoblauch zugeben und fertiggaren.
Dazu den Reis servieren. Mit frischen oder im
Winter mit getrockneten oder eingefrorenen
Ringelblüten bestreuen.

Eier „Herbstsonne"

6—8 Eier
2 El Kräuteressig
1 Tl Senf
2 El Sahne
1 Messerspitze Curry
Garnitur: Estragon, Schnittlauch, Ringelblumen

Eier hartkochen, halbieren, das Eigelb vorsichtig entnehmen und mit Senf, Sahne, Kräuteressig, Curry, Salz und Pfeffer verkneten, wieder in die Eihälften füllen. Eier kreisförmig auf einem Teller anrichten, mit Estragonblättchen und ausgezupften Ringelblüten bestreuen. Mit ganzen Ringelblüten und ganzen Schnittlauchstengeln als „Sonne" anrichten.

Dahlie *Dahlia*

Unsere typische Bauerngartenblume aus der
Familie der Korbblütler ist eigentlich eine
Mexikanerin. Aufgewachsen ist sie im fernen
Land der Azteken in wunderschönen Gärten
und Palastanlagen mit reichen Goldschätzen, im
sagenhaften Reich Montezumas. Heute wächst
sie in jedem kleinen Gärtchen vor schlichten
Draht- oder Holzzäunen und ist manchem
Gärtner ein Greuel: so bunt, so pompös und so
künstlich!
Dabei ist ihre Vergangenheit eher adelig. Sie
wurde erst vor 200 Jahren aus dem Hochland
Mexikos an den spanischen Königshof geholt
und durfte nur in den königlichen Gärten blühen. Daß dies nicht gelang, sieht man heute
überall. In vielen Farben und Formen blüht
diese spätsommerliche Blume bis zum ersten
Frost. Sie ist frostempfindlich, deshalb dürfen
die Knollen erst Ende April/Anfang Mai in die
Erde und müssen kühl überwintern. Sie liebt
feuchte, humose Böden, aber nicht allzuviel
Düngung.
Die Dahlie ist in ihren Spielarten so vielfältig
wie die Rose. Nach ihrer Einführung um 1800
in Deutschland grassierte das Dahlienfieber,
und sie wurde intensiv gezüchtet. Es gibt
nahezu alle Farben, nur kein Blau, und alle
Formen. Es gibt Balldahlien, Mignon- und
Pompondahlien, Halskrausen- und Kaktusdah-
lien, päonien-, anemonen- und orchideenblütige
Dahlien und . . . einfache Dahlien. Da sollte für
jeden etwas dabei sein.
Die schöne Fremde aus dem fernen Mexiko, die
auch schon den Namen „Georgine" trug, heißt
jetzt „Schwarze Prinzessin" oder ganz bürgerlich

„Berliner Kleene". Es gibt aber auch eine interessante Züchtung mit purpurfarbigem Laub, den „Bishop of Llandaff".
In der Medizin wird sie nicht verwendet, aber im Salat. In der Dahliensaison kann es einen bunten Salat aus den Blüten geben oder einen grünen Salat mit ausgezupften Strahlenblüten als Garnitur. Die Blüten schmecken würzig-säuerlich, aber nicht alle sind im Geschmack gleich.
Probieren Sie doch mal Ihre Dahlien!

Kopfsalatherzen mit Dahlien

2 Kopfsalate
4−6 Dahlien in verschiedenen Farben
4 El Walnußöl
2 El Zitronensaft
Salz, Pfeffer
Garnitur: Dahlien

Aus den Salaten die Herzen auslösen und achteln, mit den ausgezupften Dahlienblüten mischen.
Salatsauce: Öl, Zitronensaft, Pfeffer und Salz verrühren und über den Salat geben. Mit ganzen Dahlienblüten garnieren.

Avocadosalat mit Dahlien

2 Avocados
4 Tomaten
2 El Walnußöl
1 El Zitronensaft
Mignondahlien
Salz, Pfeffer
Garnitur: Dahlien

Avocados schälen, würfeln und sofort mit dem Zitronensaft beträufeln, damit sie nicht braun werden. Tomaten würfeln und mit den ausgezupften Dahlienblüten und dem Öl unter die Avocadowürfel heben, salzen und pfeffern. Mit einer ganzen Dahlienblüte garnieren.

Chrysantheme *Chrysanthemum indicum*

Die Chrysanthemen aus der Familie der Korbblütler riechen nach Herbst, wie jeder weiß.
Das typische, herbwürzige Aroma und ihr spät-
herbstlicher Flor sind bis in den Vorwinter die
letzten Blütenfreuden des Jahres. Während die
bunten Dahlien schon glasig braun vom Frost
sind, können die Chrysanthemen an einem
geschützten Platz noch lange blühen. In Chinas
Gärten wird diese Blume seit 2 000 Jahren
gezüchtet, aber erst seit gut 100 Jahren ist sie
bei uns bekannt. Wegen ihrer langen Haltbar-
keit in der Vase und ihrer Blütenvielfalt wird sie
ganzjährig unter Glas gezogen.
Große Bedeutung hatte die Prachtchrysantheme
in Japan. Sie wird im kaiserlichen Wappen
geführt und ist auch heute noch der Anlaß zu
einem großen Herbstfest.
In der asiatischen Medizin werden die Chrysanthemen schon seit Jahrtausenden genutzt. Es
werden sowohl wilde als auch gezüchtete
Chrysanthemen zur Behandlung von Entzün-
dungen, hohem Blutdruck und Hautkrankhei-
ten verwendet. In den letzten Jahrzehnten
wurde in chinesischen und japanischen Wissen-
schaftsmagazinen viel von den medizinischen
Eigenschaften und ihrer Wirkung gegen Bakte-
rien und Viren berichtet.
Chrysanthemen haben einen angenehmen,
leicht bitteren Geschmack. Sie sollen kühlende
Eigenschaften haben, die Sehkraft verbessern,
Fieber senken und den Körper entgiften. Tee
aus Chrysanthemen ist in China ein beliebtes
Hausmittel gegen Kopfschmerzen und schlech-
ten Atem.
Auch in der Küche werden sie in Japan und

China eingesetzt. Wein wird mit den Blüten gewürzt, und die stolze Schönheit wird auch ganz profan in den Salat gemischt. Im Samenhandel kann man hier die sogenannte „Salatchrysantheme" *Chrysanthemum coronarium* Sorte „Chop Suey" kaufen, eine einjährige Würzpflanze, die gleichzeitig auch dekorativ und lange blühend ist. Genutzt werden die Triebspitzen und jungen Blätter vor Blütenbeginn roh oder gedünstet als Salat oder Gemüse, die Blüten zum Garnieren oder als kleine Delikatesse im Ausbackteig. Um eventuelle Bitterstoffe zu mildern, können die Chrysanthemenblüten ein bis zwei Sekunden in kochendes Wasser getaucht werden.

Versuchen Sie doch, diese traditionsreiche, edle und nützliche kaiserliche Wappenblume in Ihrem Garten zu kultivieren. Die gelbe Sorte „Novembersonne" vergoldet uns trübe Tage.

Carpaccio vom Rind mit Chrysanthemen

250 g Rinderfilet
4 Champignons
2 El Olivenöl
1/2 Zitrone
Meersalz, grobgeschroteter Pfeffer
Chrysanthemenblüten

Das Rinderfilet (möglichst vom Bio-Bauern)
eine Stunde im Gefrierfach anfrieren lassen, in
hauchdünne Scheiben schneiden und portions-
weise auf Tellern anrichten. Olivenöl mit einem
Backpinsel auf das Fleisch streichen, dieses mit
ein paar Tropfen Zitronensaft beträufeln. Die
sehr frischen rohen Champignons in dünne
Scheiben schneiden und mit den ausgezupften
Chrysanthemenblüten auf den Filetscheiben verteilen. Mit gemahlenem Meersalz und grobgeschrotetem Pfeffer bestreuen. Sofort servieren.

Winter

Wenn der Schnee ans Fenster fällt
lang die Abendglocke läutet
vielen ist der Tisch bereitet
und das Haus ist wohlbestellt

Georg Trakl

Der Winter bringt gemütliche Stunden zu Hause, lange Gespräche mit Familie und Freunden am wärmenden Kamin, festliche Essen, aber auch ruhige Teestunden.

Konservierte Sommerdüfte in Flaschen und Gläsern für die kreative Winterküche regen zum Experimentieren an. Veilchensirup (Rezept siehe Seite 29), Löwenzahnhonig (Rezept siehe Seite 44) und Rosensirup (Rezept siehe Seite 118) eignen sich zum Aromatisieren von Tee, Sahne und Obstsalat, aber auch zum Füllen von Plätzchen und Kuchen in der Adventsbäckerei. Marzipan mit duftendem, selbstzubereitetem Rosenwasser (Rezept siehe Seite 118) knüpft an alte Traditionen an.

Der eingefangene Rosenduft im Rosengelee (Rezept siehe Seite 116) erinnert an schöne Sommertage.

Getrocknete Taglilien und Ringelblumen würzen Risotto und Ragout. Wärmende Blütentees lassen den Blütenmangel der lichtarmen Jahreszeit vergessen. Und manchmal findet man draußen noch dem Winter und der Kälte trotzende Gänseblümchen für Wintersalate.

Blüten trocknen

Blütentees werden von alters her in der Heilkunde geschätzt. Ihre wärmende, heilende Wirkung wird gerade in den dunklen Wintermona-
ten als wohltuend empfunden. Getrocknete Blüten können Sie in der Apotheke kaufen, aber
auch im Garten und in der freien Natur sammeln. Es eignen sich Veilchen und Schlüsselblumen, Holunder- und Lindenblüten, Lavendel-,
Thymian- und Monardenblüten und natürlich
die duftenden Rosen.
Die Blüten werden auf dem Höhepunkt ihrer
Entwicklung an warmen Tagen gepflückt, wenn
der Tau gerade abgetrocknet ist.
Die leichteste Art, Blüten zu trocknen, ist, sie
gebündelt an den Stengeln kopfüber aufzuhän-
gen. Dazu eignen sich warme, luftige, möglichst dunkle Räume wie Diele oder Dachbo-
den.
Sie können sie aber auch auf einem Kuchenrost
in der warmen Küche trocknen, auf niedrigster
Stufe im Backofen (einen Spalt offen lassen,
damit die Feuchtigkeit abziehen kann) oder auf
mittlerer Stufe in der Mikrowelle. Die Trocken-
temperatur darf 35°C nicht übersteigen, da
sonst die ätherischen Öle verfliegen. Wenn die
Blüten rascheltrocken sind, werden sie in dunklen, festschließenden Gläsern oder Dosen kühl
und trocken aufbewahrt.
Innerhalb eines Jahres sollten sie verbraucht
werden.

Rosentee

125 g schwarzer Tee
125 g Rosenblüten
1 Vanillestange
2 Zimtstangen

Rosenblütenblätter von stark duftenden Rosen
und die in Stücke geschnittene Vanillestange
trocknen lassen. Mit den grob zerbröselten
Zimtstangen und dem schwarzen Tee mischen.
Die Mischung in ein dunkles Schraubglas geben
und kühl und trocken aufbwahren. Wie
gewohnt aufbrühen, nicht zu lange ziehen lassen. Drei bis fünf Minuten sind optimal.

Bauerngartentee

je eine Handvoll getrocknete Himbeer- und
Brombeerblätter, Erdbeerblätter und -blüten,
Minze und Zitronenmelisse, Holunderblüten,
Lindenblüten, Waldmeister und Thymian, Rin-
gelblüten, Monardenblüten und Rosenblüten

Diese Mischung kann beliebig variiert, es können auch einige Kräuter oder Blüten weggelas-
sen werden. Die getrockneten Blätter und Blüten grob zerbröseln und in einem dunklen
Schraubglas kühl und trocken aufbewahren. Pro
Tasse einen Eßlöffel der Mischung mit heißem
Wasser aufgießen und 10 Minuten ziehen lassen. Mit Löwenzahnblütenhonig oder Honig
süßen.

Punschtee

je 2 Handvoll getrocknete Apfelschalen, Apfelblüten, Hibiskusblüten, Rosenblüten, Minze,
Hagebutten
je 1 El Anis, Fenchel, zerbröselte Zimtstange

Die Mischung in ein dunkles Schraubglas geben
und kühl und trocken aufbewahren. Pro Tasse
1 El der Teemischung im Topf mit der entspre-
chenden Menge Wasser kurz aufkochen und 10
Minuten ziehen lassen. Mit Honig süßen.

Schokoladenkuchen mit Rosen

Für den Teig:
6 Eier
200 ml starker Kaffee
200 g gehackte Mandeln
150 g Zucker
250 g Butter
200 g Mehl
8 El Kakao
2 gehäufte Tl Backpulver
Für den Guß:
1 Tafel Bitterschokolade
1 Tafel Mokkaschokolade
2 Würfel Kokosfett
3 El Rosengelee (Rezept siehe Seite 116)
8−10 kandierte Rosen (Rezept siehe Seite 76)

Die Eier mit dem Kaffee und dem Zucker
schaumig schlagen. Zerlassene und wieder
abgekühlte Butter und die gehackten Mandeln
zufügen. Mehl, Kakao und Backpulver mischen
und in den Teig sieben, vorsichtig unterrühren.
2/3 des Teigs in eine Springform von 23 cm
Durchmesser, die restliche Teigmenge in eine
kleine Springform füllen. Bei 170°C 30−40
Minuten backen. Böden abkühlen lassen, dann
mit Rosengelee bestreichen und zusammensetzen.
Für den Guß die Schokolade mit dem Kokosfett
im heißen Wasserbad flüssig werden lassen,
etwas abkühlen lassen. Dann gleichmäßig auf
dem Kuchen verteilen. Die kandierten Rosen
auf dem noch weichen Guß nach Wunsch verteilen.

Autorinnen / Literatur / Bezugsquellen

Autorinnen

Heide Rau, geb. 1945 in Schönhagen, studierte in Münster Biologie und Geschichte. In ihrem Bauerngarten in Flierich/Westfalen zieht sie Kräuter, Rosen und Gemüse. Sie leitet Kochkurse mit den Schwerpunkten „Kräuter und Wildkräuter" und „Eßbare Blüten". In diesen Bereichen ist sie auch als freie Autorin tätig.

Marion Nickig, geb. 1955 in Essen, studierte Grafik-Design bei Willy Fleckhaus. Ein Studienaufenthalt in der Toskana weckte das besondere Interesse an der Fotografie, vor allem an der Pflanzenfotografie. Seit 1981 zahlreiche Veröffentlichungen zu Blumen- und Gartenthemen. Im Ellert & Richter Verlag sind ihre Bücher „Frühlingsblumen", „Bauerngärten", „Blumen und Sträuße" und „Gartenkultur" erschienen.

Fotografin und Autorin bedanken sich für die Mithilfe bei Heike Kleineweischede, Flierich; Dagmar Jaspert, Hamm; Marianne Beuchert, Frankfurt; Guillemette Rumpenhorst, Hamm; Krista Grünberg, Plettenberg; Hildegard Caesar, Herten; Hannelore Eickmann, Kamen.
Die Autorin bedankt sich besonders bei ihrem Mann Hans und den Kindern Nina und Nico für Mithilfe und Geduld.

Weiterführende Literatur

Erhard, W., „Hemerocallis / Taglilien"
Verlag Eugen Ulmer, Stuttgart

Lestrieux, E. de / Belder, J. de, „Der Geschmack von Blumen und Blüten"
DuMont Buchverlag, Köln

Leung, A. Y., „Chinesische Heilkräuter"
Eugen Diederichs Verlag, Köln

Palow, M., „Das große Buch der Heilpflanzen"
Gräfe und Unzer Verlag, München

Rau, H., „Kräuter im Garten"
Gräfe und Unzer Verlag, München

Winkler, H., „Highlights der Kochkunst gezaubert mit Kräutern und Blüten"
Wilhelm Heyne Verlag, München

Bezugsquellen für Kräuter und Stauden

Kräutergärtnerei Otzberg Kräuter
Neuweg 11
64853 Otzberg-Lengfeld
(ca. 200 zum Teil seltene Kräuter, kein Versand)

Kräutergärtnerei „Kräuterzauber"
Daniel Rühlemann
Auf dem Kamp 3
28217 Bremen
(ca. 200 zum Teil seltene Kräuter, Versand)

Blauetikett Bornträger
67591 Offstein (Versand)
(Kräuter, Wildkräuter)

Dr. Hans Simon
Georg-Mayer-Str. 70
97828 Marktheidenfeld
(seltene Stauden, Salbei- und Minzearten und -sorten, Versand)

Gräfin Zeppelin
79295 Sulzburg-Laufen
(Chrysanthemen, großes Taglilienprogramm)

Ingwer Jensen
Am Schloßpark 2 b
24960 Glücksburg
(Englische, historische und moderne Rosen)

Roses du Temps Passé
Lacon GmbH
J. S. Piazolostraße 4 a
68766 Hockenheim

Küchengarten Reinhold Krämer
Weißensteiner Str. 95
73525 Schwäbisch Gmünd
(seltene Kräuter- und Gemüsesamen)

Impressum

Die Deutsche Bibliothek –
CIP-Einheitsaufnahme
Köstliche Blüten zum Dekorieren und Geniessen
/ Heide Rau.
Fotogr. von Marion Nickig. – Hamburg: Ellert
und Richter, 1994
(Edition Ellert & Richter)
ISBN 3-89234-527-9
NE: Rau, Heide; Nickig, Marion

© Ellert & Richter Verlag, Hamburg 1994
Alle Rechte vorbehalten, insbesondere die der
Reproduktion und Speicherung durch Daten-
verarbeitungsanlagen. Nachdruck, auch aus-
zugsweise, nur mit Genehmigung des Verlags.

Fotos: Marion Nickig, Essen
Text: Heide Rau, Flierich
Lektorat: Annette Willenborg, Hamburg
Gestaltung: nach Entwürfen von Hartmut
Brückner, Bremen
Lithographie: Lithographische Werkstätten Kiel,
Kiel
Satz: KCS GmbH, Buchholz/Hamburg
Druck: C. H. Wäser KG, Bad Segeberg
Bindung: Buchbinderei S. R. Büge, Celle